新形势下
我国饲料粮供给安全研究

刘 慧 ◎ 著

中国农业科学技术出版社

图书在版编目(CIP)数据

新形势下我国饲料粮供给安全研究／刘慧著．--
北京：中国农业科学技术出版社，2025.2. --ISBN
978-7-5116-7217-9

Ⅰ．F326.3

中国国家版本馆 CIP 数据核字第 2024DU3559 号

责任编辑　倪小勋
责任校对　马广洋
责任印制　姜义伟　王思文

出 版 者	中国农业科学技术出版社
	北京市中关村南大街 12 号　邮编：100081
电　　话	（010）62111246（编辑室）　（010）82106624（发行部）
	（010）82109709（读者服务部）
网　　址	https://castp.caas.cn
经 销 者	各地新华书店
印 刷 者	北京建宏印刷有限公司
开　　本	170 mm×240 mm　1/16
印　　张	10.5
字　　数	180 千字
版　　次	2025 年 2 月第 1 版　2025 年 2 月第 1 次印刷
定　　价	55.00 元

◆━━ 版权所有·翻印必究 ━━◆

目 录

第一章 导 论 …………………………………………………… (1)
  一、研究背景和意义 …………………………………………… (1)
  二、国内外研究进展 …………………………………………… (4)
  三、研究目标和内容 …………………………………………… (12)
  四、研究方法和思路 …………………………………………… (14)

第二章 畜牧业和渔业的发展 …………………………………… (17)
  一、畜牧业的发展历程与现状 ………………………………… (17)
  二、渔业的发展历程与现状 …………………………………… (29)
  三、城乡居民对肉蛋奶和水产品的消费现状与趋势 ………… (33)
  四、本章小结 …………………………………………………… (39)

第三章 饲料工业的发展 ………………………………………… (40)
  一、饲料工业的发展历程及现状 ……………………………… (40)
  二、饲料与饲料原料的价格联动 ……………………………… (50)
  三、饲料工业的发展前景 ……………………………………… (60)
  四、本章小结 …………………………………………………… (63)

第四章 饲料粮供需现状与发展趋势 …………………………… (64)
  一、饲料粮进口规模与结构变化 ……………………………… (64)
  二、主要饲料粮品种供需形势 ………………………………… (70)
  三、进口口粮对饲料粮替代情况 ……………………………… (78)
  四、本章小结 …………………………………………………… (85)

第五章 "开源"端提升国内市场饲料粮供给能力的路径 …………(87)
  一、播种面积现状与增加潜力 ………………………………(87)
  二、单产水平现状与提高潜力 ………………………………(94)
  三、增加播种面积和提高单产水平的路径与重要举措进展 ……(100)
  四、本章小结 …………………………………………………(115)

第六章 "节约"端提升国内市场饲料粮供给能力的路径 …………(118)
  一、粮食损失浪费现状与减损潜力 …………………………(118)
  二、粮食节约减损措施与进展 ………………………………(123)
  三、饲料粮节约减损的路径与重要举措进展 ………………(127)
  四、本章小结 …………………………………………………(134)

第七章 "进口"端提升饲料粮供给能力的路径 ……………………(136)
  一、农业对外开放形势与挑战 ………………………………(136)
  二、饲料粮进口格局现状 ……………………………………(143)
  三、提升国际市场饲料粮供给能力的路径与重要举措进展 ……(149)
  四、本章小结 …………………………………………………(155)

参考文献 ………………………………………………………………(157)

第一章 导 论

一、研究背景和意义

1. 研究背景

当前，我国粮食安全正处于高水平保障与高水平对外开放并存的时期。一方面，国内粮食安全保障处于历史最高水平，2023年全国粮食总产量13 908.2亿斤（1斤＝0.5公斤＝0.5千克），连续9年稳定在1.3万亿斤以上；人均粮食产量达到493公斤，连续多年高于国际公认的400公斤粮食安全线；粮食库存充裕，库存消费比远高于17%～18%的国际粮食安全警戒线[①]。除了要归功于国内不断提升的农业综合生产能力，也得益于我国全球领先的开放水平让国际粮食市场成为补充国内产需缺口的重要组成部分。然而我国粮食需求仍将刚性增长，资源环境约束日益趋紧，粮食增面积、提产量的难度越来越大。另一方面，我国农业对外开放处于高水平，我国农产品平均关税由1992年的46.6%削减到15.2%，是世界上关税水平较低和贸易自由化程度最高的国家之一。在粮食总产量节节攀升的同时，我国粮食进口量也在快速增长。自2014年起我国粮食进口量首次突破1亿吨大关以来，就一直保持在1亿吨以上的进口规模。2021年我国进口粮食总量达到16 453.9万吨，创历史新高，占国内粮食产量的24.2%；

---

① 资料来源：国家粮食和物资储备局.2023年全国粮食收购量超4亿吨.http://www.lswz.gov.cn/html/mtsy2024year/2024-01/09/content_279200.shtml。

2023年我国进口粮食总量16 196万吨,为历史次高点,占国内粮食产量的23.3%,对外依存度①接近20%。进口粮食在保障国内粮食供需体系平衡、缓解国内资源环境压力以及满足消费者多样化需求等方面发挥了积极作用。然而当前地缘政治风险、极端气候灾害、供应链不畅等不利因素交织叠加,粮食对外依存度过高和部分品种进口来源高度集中使我国利用外部粮源的风险明显上升。

很多对我国粮食市场的研究都得出这样一个结论,随着我国经济社会发展和人民生活水平的提高,居民肉蛋奶和水产品消费量显著增加将引致对饲料粮需求的增加,未来我国新增的粮食需求将主要是饲料粮。然而受资源环境条件的限制及在我国保障口粮绝对安全和油料等重要农产品供给的宏观调控目标下,国内饲料粮生产增加无法满足快速增长的饲料粮需求,进口将逐渐增长以保障国内畜产品和水产品的供给安全。究竟未来我国饲料粮需求缺口有多大?许多学者进行了测算,尽管由于测算方法、饲料粮定义、数据来源、参数选择的不同,测算结果存在较大差异,但是总的趋势都是今后一段时间内还将较快增长且需求缺口逐年递增。在我国主要的畜禽饲料配方结构中,能量饲料原料占比一般为65%,其中,玉米占50%~55%;蛋白饲料原料占比一般为30%,其中,豆粕占15%~20%。因此,狭义的饲料粮只包括直接用作饲料的粮食,一般指玉米及替代品(大麦、高粱),广义的饲料粮在此基础上加入了粕类、麦麸等粮食的加工副产品,其中,粕类主要指豆粕,大豆出粕率约为77%。2023年,我国进口大豆、玉米、大麦、高粱合计14 385万吨,占进口粮食总量的88.8%,其中,大豆占比为61.4%,连续7年保持在9 000万吨以上的水平;玉米占比为16.8%,连续4年突破720万吨的进口配额水平。因此,研究我国饲料粮供给安全问题时,大豆、玉米应是重点关注的品种。

对外开放是中国的基本国策,以2018年中央经济工作会议首次提出"制度型开放"为标志,我国进入由商品和要素流动型开放向规则等制度

---

① 粮食对外依存度=进口量/(进口量+生产量-出口量)。

型开放转变的高水平对外开放的新阶段。在这一阶段，我国农业作为总体上缺乏竞争优势的产业部门，还处在"由量到质、由大到强、由局部到全局"的转型过程中，既要继续消化加入世界贸易组织（以下简称"入世"）承诺和已签订区域贸易协定逐步释放出来的挑战，还要承受开放新举措、农业产业优势新变化带来的新挑战，最大的挑战来自农业竞争力和食物自给率的持续下降。党的十八大以来，党中央提出了"确保谷物基本自给、口粮绝对安全"的新粮食安全观，确立了"以我为主、立足国内、确保产能、适度进口、科技支撑"的国家粮食安全战略。适度进口饲料粮可以将有限的国内资源用于保障口粮的自给，是我国粮食安全战略的重要一环。然而玉米是我国播种面积和产量最大的粮食作物，它的主粮地位要求必须保持较高的自给率。大豆是我国播种面积和产量第四大的粮食作物，虽然受资源环境条件的限制长期大量进口的局面难以改变，但是提高自给率也是应对国际市场波动的重要途径之一。在此背景下，近期我国政府从增产和节约两端同时发力出台了一系列重要举措，充分挖掘国内玉米、大豆供给增加潜力，同时积极构建多元化进口格局并主动参与全球粮食安全治理与制度变革，进展情况及如何推进尚需跟踪研究。

2. 研究意义

理论上，为更好利用国内国际两个市场、两种资源，系统提升我国饲料粮供给能力研究提供理论分析框架和方法支撑。我国饲料粮短缺的深层次原因是我国居民膳食结构升级引起的对多元食物特别是肉类和奶类食物需求量的增加，而在资源环境约束和高水平对外开放下统筹利用国内国际两个市场、两种资源是必然选择。本研究基于对我国饲料粮中长期供需形势的科学判断，从国内、国际两个视角，从生产、消费、进口三个层面全方位构建保障我国饲料粮供给安全的格局，期望为系统提升我国饲料粮供给能力的研究提供理论分析框架和方法支撑。

实践上，为提升我国饲料粮供给能力的政策制定提供决策参考和实践支撑。近期我国政府从增产端、节约端、进口端同时发力出台了一系列重要举措，需要跟踪这些重要举措的进展情况、及时总结面临的瓶颈问题并提出应对建议。本研究以大豆、玉米为重点品种，在增产端以新一轮千亿斤粮食产能提升行动为契机，主要围绕提高单产水平和挖掘非传统耕地资源潜力等，在节约端主要围绕饲用豆粕减量替代行动等，在进口端主要围绕多元化布局进口市场等进行深入分析，期望据此提出的应对建议为提升我国饲料粮供给能力的政策制定提供决策参考和实践支撑。

二、国内外研究进展

根据本研究的研究对象和研究目的，重点围绕我国粮食安全新形势与饲料粮供需问题的研究、国内饲料粮供给增加路径及其潜力的研究、国内饲料粮供给增加主要举措进展的研究、我国饲料粮进口格局与进口风险防范的研究四个方面展开文献综述。

1. 关于我国粮食安全新形势与饲料粮供需问题的研究

当前我国粮食安全正处于高水平保障与高水平开放并存的时期。一方面，国内粮食安全保障处于历史最高水平；另一方面，我国农业对外开放处于高水平，国际粮食市场成为国内粮食安全保障的重要来源。进口粮食在保障国内粮食供需体系平衡、缓解国内资源环境压力以及满足消费者多样化需求等方面发挥了积极作用。然而，随着农业对外开放力度的加大，我国粮食安全面临着新的挑战，要求我国粮食安全目标由产量导向向竞争力导向转型，农业国内支持政策设计由国内外分轨向内外对接转型，外部粮食市场与资源利用由单方自主开合向主动风险管控转型（朱晶 等，2021）。

对外开放是中国的基本国策，也是当代中国的鲜明标识。2018年中央经济工作会议首次提出"制度型开放"为标志，我国进入由商品和要素流动型开放向规则等制度型开放转变的高水平对外开放的新阶段（江小涓，2021），这是适应全球价值链分工与数字经济时代以规制融合为核心的国际经贸规则及中国经济进入高质量发展阶段的开放型经济制度安排（全毅，2022）。制度型开放对外更强调与国际通行规则、规制、管理、标准的对标，对内更强调构建规则和政策统一的国内大市场（常娱 等，2022）。

在这一阶段，我国农业作为总体上缺乏竞争优势的产业部门，还处在"由量到质、由大到强、由局部到全局"的转型过程中（黄少安 等，2022），既要继续消化入世承诺和已签订区域贸易协定逐步释放出来的挑战，还要承受开放新举措、农业产业优势新变化带来的新挑战（叶兴庆，2021），最大的挑战来自农业竞争力和食物自给率持续下降。随着国内外粮食安全环境发生了根本性的变化，我国粮食安全已被赋予新内涵，是粮食全产业链、多层次的安全，是从"生产—消费"全链条角度、"国内—国际"统筹角度、"生产—生态"系统角度综合考虑的粮食安全，与国际上粮食安全的概念更为一致（张宁宁 等，2022）。

早在入世前，对我国粮食市场的很多研究就得出这样一个结论：随着我国经济社会发展和人民生活水平的提高，居民肉蛋奶和水产品消费量显著增加将引致对饲料粮需求的增加，未来我国新增的粮食需求将主要是饲料粮。然而受到国内资源条件的限制，国内生产很可能无法满足快速增长的需求（Crompton et al.，1993；Crook et al.，1996；Findlay，1998；Tian et al.，1999），玉米将大量进口（Gale，2004）。由于受到临时收储和关税配额等政策保护，直到2009年我国一直是玉米净出口国，随着2010年我国转为玉米净进口国和玉米及替代品（大麦、高粱）进口快速增加，饲料粮进口问题逐渐得到关注（刘慧 等，2022）。近年来，我国饲料粮生产与需求规模均明显增长，处于"高位供给、高位进口"并存的局面（熊学振 等，2021）。

未来我国饲料粮需求缺口有多大？许多学者进行了测算，尽管由于测算方法、饲料粮定义、数据来源、参数选择的不同，测算结果存在较大差异,但是总的趋势都是2030年前较快增长并且需求缺口逐年递增(韩昕儒 等,2014;Cheng et al.,2016;中国工程院"粮食作物产业可持续发展战略研究"课题组,2017;Huang et al.,2020)。最新预测到2050年,如果不采用玉米关税配额制管理,玉米自给率将下降至82%,大豆进口将继续保持在1亿吨以上(黄季焜 等,2022)。玉米的主粮地位要求保持较高的自给率,大豆长期大量进口的局面虽然难以改变,但是提高自给率也是应对国际市场波动的重要途径之一。考虑到我国饲料粮需求仍将刚性增长,生产上仍需在保障"数量安全"和"质量安全"的水平上,兼顾"结构安全"和"生态安全"(何可 等,2022)。然而,数量安全与生态安全的现实矛盾是发展中国家农业生产中普遍面临的困境(Andersson et al.,2011),实现二者协调发展的关键是构建有效激励机制激励农户采用环境友好型生产方式(Wu et al.,2011;陈海江 等,2019)。

2. 关于国内饲料粮供给增加路径及其潜力的研究

狭义的饲料粮只包括直接用作饲料的粮食,一般指玉米及替代品(大麦、高粱)(杨万江,1999)。广义的饲料粮在此基础上加入了粕类、麦麸等粮食的加工副产品。其中,粕类主要指豆粕,豆粕是大豆提取豆油后得到的一种副产品,大豆出粕率约为77%(蓝海涛,2008)。在我国主要畜禽饲料配方结构中,能量饲料原料占比一般为65%,其中,玉米占50%~55%;蛋白饲料原料占比一般为30%,其中,豆粕占15%~20%。玉米、豆粕占饲料原料的大部分。豆粕和大豆属于同类原料关联(谢慧敏 等,2019),进口替代品对进口玉米具有较高的产品替代性,在研究饲料粮进口问题时也需重点关注(赵金鑫 等,2019)。考虑到替代品国内产量较小且数据获取不易,在研究国内饲料粮供给问题时通常重点关注大豆、玉米两个粮食品种(刘慧 等,2023)。

长期来看,国内饲料粮供给能力提升需要深入实施藏粮于地、藏粮于技战略,并优化农业支持政策设计,不断提升农业可持续生产能力和农产品竞争力（朱晶 等，2021），缓解短期供需紧张问题，基本思路是依靠科技创新特别是单产提高和支持政策转型充分挖掘"开源"和"节约"潜力（刘慧 等，2023）。

在"开源"端，主要路径是提单产和扩面积。提单产：国内大豆、玉米的单产水平不到美国的60%，通过科技发展和转变生产方式推进机械化进程能有效提高单产，但是我国以种业为核心的技术进步水平与发达国家相比存在较大差距，通过政策推动区域布局优化激发生产潜能也能有效提高单产（司伟 等，2018，2021；仇焕广 等，2021）。此外，对于获得生产应用安全性证书的转基因玉米、大豆品种，目前正在有序推进试种试验。扩面积：可以通过推动撂荒地复耕和开发利用盐碱地种植大豆，但是撂荒地大多数零散破碎且质量低下，复耕利用的难度大、成本高；盐碱地相比于撂荒地对于大豆品种的要求更高，需要开发具有耐盐性状的大豆品种和创新与盐碱地相配套的栽培技术（朱文博 等，2022）。玉米和大豆属于同季旱粮作物，有限耕地资源约束下争地矛盾突出，它们在土地资源中的配置主要由其投入成本、作物比价、补贴政策以及最终的比较收益所决定（王秋霖 等，2021；王新刚 等，2023）。深入推进大豆和油料产能提升工程背景下如何确保大豆面积增长的同时玉米面积不会减少？重点要在耕作制度、种植模式上找办法。

在"节约"端，主要路径是加强粮食全产业链各环节节约减损。粮食损失浪费涉及多个环节，产业链前端环节（生产、收获、加工、储藏等）的损失浪费主要是技术原因引起（Zhang et al.，2021），而末端环节（零售和消费等）的损失浪费更多的是思想意识等人为因素（Luo et al.，2021）。为此，需要推动和鼓励从田间到餐桌的节粮减损的技术研发，需要加大舆论宣传力度和开展科普活动引导社会绿色消费转型。其中，加工环节损失浪费较大，经测算，仅在加工环节玉米的损失浪费率就高达15.17%，损失浪费量为3 998万吨（武拉平，2022）。我国是粮油加工大国，加工后的副产物含有大量的蛋白质等和其他生物活性成分，适合用作饲料原料（郭雪霞 等，2015），通过充分挖掘利用加工副产物等替代资源、改进制油工艺、提高杂粕质量等降低饲料中玉米豆粕比例的潜力很大。

3. 关于国内饲料粮供给增加主要举措进展的研究

我国近期在"开源"和"节流"两端同时发力实施了一系列举措，在"开源"端，推广大豆玉米带状复合种植（黄淮海、西北、西南地区）（以下简称"带状复合种植"）和扩大粮豆轮作试点（东北地区）是代表性举措；在"节约"端，推广饲料中玉米豆粕减量替代技术是加强粮食全产业链各环节节约减损的一项重要内容。

带状复合种植是在传统间作基础上创新发展而来的绿色高效种植模式，该模式充分发挥高位作物玉米的边行优势，扩大低位作物大豆的受光空间，实现同一地块大豆、玉米一季双收。带状复合种植模式已在我国西南地区进行了大面积推广，多年多点专家测产表明，该模式相对传统净作玉米能实现玉米基本不减产、亩（1亩≈667平方米）平均多收大豆100～150公斤（雍太文 等，2022）。如果在黄淮海、西北、西南地区大面积推广，预计到2035年，大豆的自给率将由基准方案的16.2%上升至22.8%，玉米的自给率将由基准方案的96.4%下降至92.7%（张姝 等，2022）。此外，带状复合种植模式生态效益也十分明显，大豆的固氮作用和轮作效应使土壤有机质含量和作物固碳能力分别增加19.8%、18.6%，年均氧化亚氮和二氧化碳排放强度分别降低45.9%、15.8%（矫丽娜 等，2022）。大面积推广面临的制约因素：一是农机农艺融合程度不够。复合种植模式对播种机具提出了新要求，玉米、大豆生长周期、成熟顺序不一致，普遍存在现有的种管收机具适应性不强的问题。二是除草剂种类选择及杂草防控有较大困难。选用除草剂品种和施用方式既要考虑当茬大豆、玉米生长安全，也要兼顾下茬作物和来年复合种植轮作倒茬安全。此外，还存在适宜品种缺乏、生产者技能弱、经济可行性不强等诸多困境（张姝 等，2022；刘慧 等，2023）。

为应对生态资源压力,实现用地养地结合,农业部2015年在黑龙江大豆传统种植区、优势区开展大豆玉米轮作试点,着手尝试将生态补偿机制应用于耕地保护。2016年6月,农业部等十部委办局联合印发《探索实行耕地轮作休耕制度试点方案》,提出"坚持生态优先、综合治理,轮作为主、休耕为辅,以保障国家粮食安全和不影响农民收入为前提",重点在东北冷凉区、北方农牧交错区等地开展轮作试点。从黑龙江北安市试点情况看,粮豆轮作后能实现大豆亩产增加10~15公斤,玉米亩产提高5%~10%。此外,粮豆轮作能够利用豆科作物的固氮作用减少化肥施用和作物病虫害,同时还具有提升土质、增加作物单产等多种生态功效(Bullock,1992),而提高作物单产、减少农药和化肥投入都可以内化为农户收益(韩天富 等,2016)。扩大粮豆轮作试点面临的制约因素:一是不同积温带采取统一的补贴标准且补贴标准对多数农户来说偏低,造成补贴政策没有实现补贴对象的瞄准,政策目标和补贴对象的失配影响政策的预期效果和补贴资金的使用效率(陈海江 等,2019)。二是农户采用能显著提高大豆单产的农机农艺融合、良种良法配套等轻简栽培技术的积极性并不高。

近年来,我国大豆进口量居高不下,玉米供给趋紧,大豆、玉米价格持续上涨,多元配方、降低饲料中玉米、豆粕用量成为饲料行业应对外部供给不确定性的被动选择。2020年9月,国务院发布了《关于促进畜牧业高质量发展的意见》,强调要调整优化饲料配方结构,促进玉米、豆粕的减量替代。2021年4月,农业农村部发布了《猪鸡饲料玉米豆粕减量替代技术方案》,经专家测算,该技术全面推广后,每年可望减少玉米用量4 500万吨、豆粕用量1 200万吨(折合大豆1 500多万吨)(刘一明,2021)。我国饲用豆粕生产几乎全部依靠进口大豆,豆粕价格与国际大豆价格高度关联,推进饲用豆粕减量替代是推进饲料中玉米、豆粕减量替代的突破口。2022年在我国畜牧业生产全面增长的情况下豆粕用量下降,饲用豆粕在饲料消耗中的占比比2021年减少0.8个百分点,饲料蛋白转化效率比 2021 年提高 2 个百分点，豆粕用量减少 320 万吨，折合减少大豆需求 410 万吨，相当于 3 000 万亩耕地的产出。2023 年 4 月，农业农村部印发《饲用豆粕减量替代三年行动方案》，提出力争饲料中豆粕用量占比每年下降 0.5 个百分点以上，到 2025 年饲料中豆粕用量占比从 2022 年的 14.5% 下降至 13% 以下。目前，国内较大规模自产自用一体化养殖企业基本用上了低蛋白低豆粕日粮技术，中等规模使用自配料的养殖场也大部分应用了这项技术，甚至有的企业已经可以做到育肥猪饲料配方中无豆粕。但是总体上，我国饲用豆粕减量替代还没有全面推开，在思想认识、技术支撑、政策支持等方面还有待加强。

4. 关于我国饲料粮进口格局与进口风险防范的研究

我国大麦、高粱对外依存度已高达 80%，由于我国对进口大麦、进口高粱没有特殊的保护措施，分别只执行 3%、2% 的单一关税管理，通常玉米关税配额外进口大麦、进口高粱仍具有一定的价格优势，进口大麦和高粱对进口玉米具有较高的产品替代性（赵金鑫 等，2021）。目前我国大豆、玉米进口市场高度集中，大麦、高粱进口市场较集中，特别是对美国市场的依赖较高，加上部分主要进口来源国存在不确定性，需要多元化布局进口市场，分散进口市场过于集中带来的风险（陈雨生 等，2022；刘慧 等，2023）。乌克兰、俄罗斯等"一带一路"合作伙伴有较强的粮食增产和出口潜力（陈雨生 等，2021），且相较于传统的进口来源国欧美国家与我国具有更强的地缘优势与政治互信（杜志雄 等，2021）。此前我国已将玉米进口重心转向乌克兰，自乌克兰进口的大麦也快速增加。

目前，全球粮食安全治理规则制定仍由发达国家主导，虽然近年来全球治理体系中新兴经济体和多边及区域机制发挥的作用在不断增强，但是美国等发达国家仍试图通过主导规则制定过程来继续维持现行全球粮食安全治理体系及其运行机制（于宏源 等，2021）。我国在发展巩固自身粮食安全的同时，还应以共赢理念积极推进新的粮食安全治理规则谈判，提出并确立普遍适用低标准协同化全球规则范式（陈秧分 等，2021），推动适时启动更多具有包容性的全球粮食安全治理规则的磋商，例如小农生计、可持续消费、环境友好型生产、乡村转型、数字农业等（李先德 等，2022）。为国内实施农业支持政策争取更多的空间，为我国利用国际粮源创造出更有利的条件。

综合国内外研究进展可以发现，学者们普遍认同，随着农业对外开放力度的加大，我国粮食安全面临着新的挑战，以大豆、玉米为代表的饲料原料是当前和今后一个时期我国需求缺口最大、进口依赖度最高的粮食品种；缓解我国饲料粮短期供需紧张问题，国内要多措并举充分挖掘"开源"和"节约"潜力，同时要持续构建多元化进口格局以及不断加强在国际贸易中的话语权。这些研究成果构成了本研究的基础，也为本研究指明了方向，但在研究视角、研究内容等方面还存在一些不足。

一是有关提升我国饲料粮供给能力的问题。关于国内市场饲料粮供给问题或者国际市场饲料粮供给问题的研究都很多，同时关注国内、国际两个市场研究系统提升我国饲料粮供给能力问题相对较少。

二是有关国内饲料粮供给能力提升路径的问题。多数研究关注单一大宗饲料原料（玉米或大豆）且停留在国家层次上，深入区域层次同时关注玉米、大豆两个品种的研究相对较少。对"开源"端的研究较多，对"节约"端的研究相对较少。

三是有关我国饲料粮供给能力提升主要举措进展的问题。近期我国政府从增产端、节约端、进口端同时发力出台了一系列重要举措，例如，2024年4月初国务院印发《新一轮千亿斤粮食产能提升行动方案（2024—2030年）》，大豆、玉米是优先推进的品种，对这些举措进展的研究刚刚起步。

三、研究目标和内容

1. 研究目标

本研究的总目标是在全面梳理我国畜牧业和渔业、饲料工业发展的基础上，科学分析判断我国饲料粮供需现状与发展趋势，进而从"开源"和"节约"两端深入分析提升国内市场饲料粮供给能力的路径，并详细阐述"进口"端提升饲料粮供给能力的路径，从而增强应对国际市场风险挑战的能力，保障我国粮食安全和畜产品供给安全。

具体目标如下：第一，科学判断我国饲料粮供需现状与发展趋势；第二，深入分析"开源"端提升国内市场饲料粮供给能力的路径与重要举措进展；第三，深入分析"节约"端提升国内市场饲料粮供给能力的路径与重要举措进展；第四，详细阐述"进口"端提升饲料粮供给能力的路径问题。

2. 研究内容

根据上述研究目标，本研究在研究内容上按照"从需求层面到供给层面、从国内市场到国际市场、从宏观层面到微观层面"的逻辑展开。研究内容由七章构成，除了第一章导论外，其他各章分别针对我国饲料粮某一方面问题作详尽分析，尽管各章之间有着内在的联系，但仍可以看作是相对独立的部分。

第一章导论。本章交代了研究背景和意义、国内外研究进展、研究目标和内容、研究思路和方法。其中，国内外研究进展重点围绕我国粮食安全新形势与饲料粮供需问题的研究、国内饲料粮供给增加路径及其潜力的研究、国内饲料粮供给增加主要举措进展的研究、我国饲料粮进口格局与进口风险防范的研究四个方面展开文献综述。

第二章畜牧业和渔业的发展。本章分析了畜牧业的发展历程及现状、渔业的发展历程及现状、城乡居民对肉蛋奶和水产品的消费现状与趋势。内在逻辑关系是，饲料粮需求是引致性需求，是从城乡居民对肉蛋奶和水产品等动物性产品的消费需求中派生出来的需求，畜牧业和渔业的发展水平和发展方向不仅关系到能否满足不断升级的城乡居民的动物性产品消费水平，也直接决定着未来所需饲料粮的数量和结构的变化。

第三章饲料工业的发展。本章分析了饲料工业的发展历程及现状、饲料与饲料原料的价格联动、饲料工业的发展前景。内在逻辑关系是，城乡居民对肉蛋奶和水产品等动物性产品消费需求的持续增加驱动畜牧业规模化养殖快速发展和水产养殖量持续增长，势必将增加对工业饲料的需求。而饲料粮是生产工业饲料的最主要原料，饲料工业的发展水平与发展趋势既受饲料原料供给的影响，同样也反过来影响所需饲料粮的数量和结构。

第四章饲料粮供需现状与发展趋势。本章分析了饲料粮进口规模与结构变化、主要饲料粮品种供需形势、进口口粮对饲料粮替代情况。内在逻辑关系是，近年来，我国粮食进口量屡创新高引起社会各界对我国粮食安全问题的广泛关注和担忧，其中，饲料粮的进口规模与结构、短期及中长期供需形势及进口口粮饲用等问题备受关注，需要对这些问题进行分析，以正确看待粮食进口量屡创新高对我国粮食安全的影响。

第五章"开源"端提升国内市场饲料粮供给能力的路径。本章分析了主要饲料粮品种的播种面积现状与增加潜力、单产水平现状与提高潜力、增加播种面积和提高单产水平的路径。内在逻辑关系是，"开源"端提升国内饲料粮供给能力的路径，短期来看不外乎就是增加播种面积和提高单产水平两个路径。然而受我国人多地少基本国情、农情的制约，依靠科技发展和政策推动来提高单产水平应是"开源"端的主要路径，同时也要关注到，通过改变耕作制度、挖掘盐碱地等非传统耕地资源来增加播种面积仍有一定的潜力。

第六章"节约"端提升国内市场饲料粮供给能力的路径。本章分析了粮食损失浪费现状与减损潜力、粮食节约减损措施与进展、饲料粮节约减损的路径与重要举措进展。内在逻辑关系是，受生产条件、技术水平、消费意识等影响，我国粮食损失与浪费严重，节粮减损为进一步保障国家粮食安全开辟了重要途径。在加强粮食全产业链各环节节约减损的背景下挖掘饲料粮减损潜力是"节约"端提升国内市场饲料粮供给能力的主要路径，其中，加强饲料粮减量替代、优化居民食物营养结构是重要举措。

第七章"进口"端提升饲料粮供给能力的路径。本章分析了我国农业对外开放形势与挑战、饲料粮进口格局现状、提升国际市场饲料粮供给能力的路径与重要举措进展。内在逻辑关系是，以大豆、玉米为代表的饲料原料是当前和今后一个时期我国进口依赖度最高的粮食品种，适度进口饲料粮可以将有限的国内资源用于保障口粮的自给，是我国粮食安全战略的重要一环。但是，近年来经贸等领域摩擦加剧，增加了农业对外合作的不确定性，需要多元化进口布局的同时提升对国际粮源的控制力。

四、研究方法和思路

1. 研究方法

根据上述研究内容，本研究利用公开数据、内部资料和文献资料，主要采用数据统计分析、案例分析等方法。

（1）数据统计分析法

除第一章导论外，其他六章都运用了数据统计分析法。

第二章畜牧业和渔业的发展中，用来分析主要畜产品的产量变化走势、主要肉类的产量及结构走势、主要国家人均肉蛋奶占有量等内容。

第三章饲料工业的发展中，用来分析工业饲料产量走势、工业饲料分品种产量走势、主要饲料品种与玉米的价格联动等内容。

第四章饲料粮供需现状与发展趋势中，用来分析饲料粮进口规模与结构变化、主要饲料粮品种供需情况、国内玉米和国际小麦价差及国内玉米和国际大米价差变化趋势等内容。

第五章"开源"端提升国内市场饲料粮供给能力的路径中，用来分析玉米大豆播种面积变化趋势、主要粮食作物单产水平变化趋势、主要粮油品种亩产水平国内外比较等内容。

第六章"节约"端提升国内市场饲料粮供给能力的路径中，用来分析三种主要粮食品种产后各环节损失浪费情况、三种主粮减损潜力、城乡居民人均食用植物油的食用消费量变化趋势等内容。

第七章"进口"端提升饲料粮供给能力的路径中，用来分析我国农产品进出口额变化、我国饲料粮进口市场分布、我国拓展饲料粮进口市场的空间等内容。

（2）案例分析法

主要运用在第五章、第六章和第七章中，具体如下。

第五章"开源"端提升国内市场饲料粮供给能力的路径中，用来分析主要粮油品种亩产水平国内外比较、国内玉米大豆农户大田亩产水平与部分专家试验田亩产水平比较、推广大豆玉米带状复合种植进展、开发利用盐碱地进展、推动生物育种产业化扩面提速进展等内容。

第六章"节约"端提升国内市场饲料粮供给能力的路径中，用来分析粮食节约减损进展、加强饲料粮减量替代进展、典型大型饲料养殖企业豆粕减量替代情况、典型企业低蛋白日粮技术应用情况等内容。

第七章"进口"端提升饲料粮供给能力的路径中，用来分析中国和美国经贸摩擦、中国和澳大利亚经贸摩擦、中国和巴西经贸合作等内容。

2. 研究思路

本研究按照"提出问题—分析问题—解决问题"的逻辑开展研究，如图1-1所示。

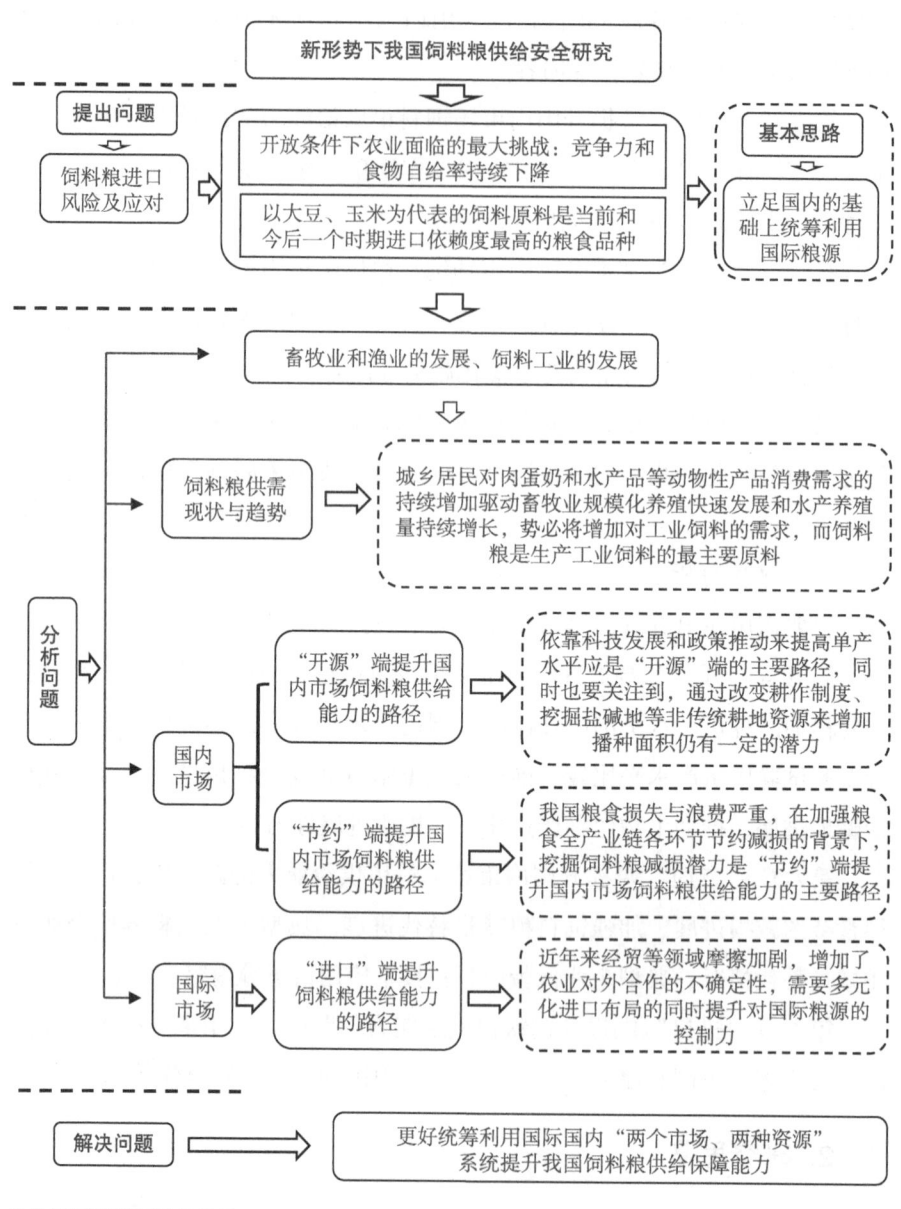

图1-1 新形势下我国饲料粮供给安全研究的技术路线

第二章　畜牧业和渔业的发展

饲料粮需求是引致性需求，是从城乡居民对肉蛋奶和水产品等动物性产品的需求中派生出来的需求，正是这一需求驱动着畜牧业和渔业的发展。反过来，畜牧业和渔业的发展水平和发展方向不仅关系到能否满足不断升级的城乡居民的动物性产品消费水平，也直接决定着未来所需饲料粮的数量和结构的变化。

一、畜牧业的发展历程与现状

1. 畜牧业的发展历程

从畜产品供应的严重匮乏到如今百姓餐桌饮食的丰富多彩，我国畜牧业经历了一个由小变大、由弱渐强、从家庭副业成长为农业农村经济支柱产业的发展历程。改革开放以来，我国畜牧业大致经历了五个发展阶段。

（1）改革发展初期（1978—1984年）

1979年6月，四川若尔盖成立了国内第一家牧工商联合企业，从事草业、养羊、羊毛加工和销售一体化生产。1979年9月，十一届四中全会通过的《中共中央关于加快农业发展若干问题的决定》提出，"大力发展畜牧业，提高畜牧业在农业的比重""继续鼓励社员家庭养猪养牛养羊，积极发展集体养猪养牛养羊"。1980年3月，国务院批转农业部《关于加快发展畜牧业的报告》强调，"要把一切行之有效的鼓励畜牧业发展的政策落实到各户"，且"取消禁宰耕牛的政策"。1982年12月，农牧渔业部、国家经济委员会批准成立中国牧工商联合总公司①，在全国主要城市建立了销售网络，在各省都建立了牧工商公司。1984年，我国开始改革畜产品的流通体制和价格体制，取消统派购制度、放开畜产品市场，绝大多数畜产品可以随行就市，打破了国营企业独家经营的格局。

这些改革措施和政策使农民有了生产经营自主权，大大激发了农民从事畜禽养殖的积极性，短期内畜牧业得到快速发展。到1984年，全国肉类总产量达到1 540.6万吨，是1978年的1.8倍，年均增长率为10.3%，其中，生猪出栏22 047.1万头，比1978年增长了36.9%，其他大牲畜的存栏、出栏以及人均肉类占有量均有大幅上升。

该阶段我国畜牧业生产体制开始转变，实行"国营、集体、个体"一起上，形成各种经济成分参与发展畜牧业生产的格局。畜禽养殖成为家家户户农民的家庭副业，以集体饲养和农户饲养为主，只有极少量的国营大牧场。

（2）全面快速增长时期（1985—1996年）

1985年1月，中共中央、国务院印发《关于进一步活跃农村经济的十项政策》，决定取消生猪派养派购，实行自由上市、自由交易、随行就市、按质论价，并取消多数畜产品的统一定价，使畜牧业成为农业中最早引入了市场机制的行业部门。畜产品流通体制的改革初步打破了畜产品独家经营的局面，畜产品专业市场开始出现并日益增多，畜产品生产加快向商品化、专业化、社会化发展。到1987年，全国各地畜禽饲养专业户达到93.5万户，比1984年增长了1.1倍。1988年国家开始实施"菜篮子工程"并建立中央和地方的肉、蛋、奶、水产和蔬菜生产基地，有效推进了畜牧业向商品化、专业化和社会化的发展。1992年，国务院印发《我国中长期食物发展战略与对策》，提出"要将传统的粮食和经济作物的二元结构，逐步转变为粮食作物、经济作物和饲料作物的三元结构"。

随着我国农村改革全面向市场经济转轨，畜牧业生产全面快速发展。

---

① 后更名为中国牧工商（集团）总公司。

到20世纪90年代中期，我国实现了畜产品供求基本平衡的历史性跨越，奠定了畜牧业作为农业支柱产业的地位。到1996年，我国肉类、禽蛋、奶类总产量分别达到4 584万吨、1 965.2万吨、735.8万吨，分别是1985年的2.4倍、2.7倍、1.5倍；畜牧业总产值占农业总产值的26.9%，比1985年提高4.8个百分点。

该阶段我国畜产品经营体制实现根本转变，畜产品市场和价格逐步放开，经营者积极性得到充分调动，主要畜禽产品生产快速增长，长期严重短缺的局面得到根本扭转，主要畜产品实现了供求基本平衡。

（3）结构调整时期（1997—2006年）

随着我国经济的发展和畜牧业的快速增长，人们对优质畜产品、花色多样的畜产品日渐青睐，20世纪90年代后期出现了阶段性、结构性过剩。同时国际市场竞争的压力越来越大。国内外市场环境的变化迫切需要调整畜产品结构、提升畜产品质量和安全性以及提高生产效率和产业效益。

1999年国务院办公厅转发了农业部《关于加快畜牧业发展的意见》，提出"加快发展牛羊肉和禽肉生产，突出发展奶类和羊毛生产""加快改变养殖方式，大力调整、优化畜牧业结构和布局，加强良种繁育、饲料生产和疫病防治体系建设"。同年农业部、财政部联合启动"农业行业标准制修订财政专项计划"。2004年设立了首席兽医官制度，标志着中国兽医管理体制逐步与国际接轨。一系列政策措施促进了我国畜牧业生产逐步由数量增长型向质量效益型转变。到2006年，我国奶类产量首次进入世界前三，其他畜产品生产均进入常规增长状态，其中，猪禽产品增长速度保持在3%~5%，牛羊肉增速保持在5%~7%；畜牧业生产逐步向优势区域集中，生猪13个主产省猪肉总产量占全国的76.8%，肉牛产业带8个省区牛肉总产量占全国的66.3%，7个奶业主产省区牛奶总产量占全国的62.2%，10个家禽主产省禽蛋总产量占全国的79.2%；畜牧业增长方式开始发生转变，全国已有养殖小区6万多个，牧区和半农半牧区舍饲半舍饲养殖方式逐步推广①。

该阶段随着畜牧业生产规模扩大及国际市场竞争压力增大，我国畜牧业从以数量增长为主的阶段逐步转向以提高质量、优化结构和增加效益为主的结构调整阶段，畜牧业生产逐步向优势区域集中，畜牧业增长方式开始发生转变。

（4）发展方式转变时期（2007—2014年）

受2006年下半年生猪价格过低、饲料成本上升以及高致病性猪蓝耳病疫情等多种因素的影响，生猪生产发生波动，猪肉价格快速大幅上涨带动其他畜禽产品价格持续上扬，对城乡居民生活和宏观经济运行产生了一定的影响，引起了社会广泛关注。

2007年，国务院陆续下发了《国务院关于促进畜牧业持续健康发展的意见》《国务院关于促进生猪生产发展稳定市场供应的意见》《国务院关于促进奶业持续健康发展的意见》等重要文件，提出"畜牧业生产结构进一步优化，科技实力和综合生产能力进一步增强；良种繁育、动物疫病防控、饲草饲料生产、畜产品质量安全、草原生态保护等体系进一步完善；规模化、标准化、产业化程度进一步提高，畜牧业生产初步实现向技术集约型、资源高效利用型、环境友好型转变"的发展目标。2012年财政部和农业部启动实施"振兴奶业苜蓿发展行动"。2013年国家发展和改革委员会印发《全国牛羊肉生产发展规划（2013—2020）》。到2014年，我国生猪年出栏500头以上规模比重达到41.9%、肉牛年出栏100头以上规模比重为17.3%、羊年出栏500只以上规模比重为12.9%、肉鸡年出栏50 000只以上规模比重为43.7%、蛋鸡年存栏10 000只以上规模比重为35.8%；牛羊肉占肉类比重达到13.2%，畜牧业科技进步贡献率增加到2014年的54%左右。

该阶段我国以构建现代畜牧业、促进畜牧业平稳健康发展为主要目

---

① 资料来源：我国畜牧业正由传统畜牧业向现代畜牧业转变，https://www.gov.cn/zhibo12/content_377811.htm。

标，积极探索建立保障畜牧业稳定健康发展的长效机制，国家对畜牧业的政策支持力度明显加大，宏观调控手段逐步加强。经过这一阶段的发展，我国主要畜禽生产规模化、标准化程度显著提升。

(5) 以环保为重点的全面转型升级时期（2015年以来）

2015年中央一号文件提出"加快发展草牧业，支持青贮玉米和苜蓿等饲草料种植，开展粮改饲和种养结合模式试点"，第一次在农业结构调整中突出了优质饲草的重要地位，突出了种养结合和农牧循环的有效模式。

2015年，国务院印发《水污染防治行动计划》，要求将现有规模化畜禽养殖场（小区）配套建设粪便污水贮存、处理、利用设施，而散养密集区要实行畜禽粪便污水分户收集、集中处理利用；农业部印发《关于促进南方水网地区生猪养殖布局调整优化的指导意见》，要求这些区域的生猪主产县合理划定适宜养殖区域和禁养区，改进生猪养殖和粪便处理工艺，促进粪便综合利用。2016年，国务院印发《土壤污染防治行动计划》，要求"严格规范兽药、饲料添加剂的生产和使用，促进源头减量，加强畜禽粪便综合利用，鼓励支持畜禽粪便处理利用设施建设"；国务院印发《中华人民共和国环境保护税法实施条例》，要求自2018年1月1日起"达到省级人民政府确定的规模标准并且有污染物排放口的畜禽养殖场，应当依法缴纳环境保护税"。2017年，农业部印发《畜禽粪污资源化利用行动方案（2017—2020年）》。2021年，农业农村部等6部委局联合印发《"十四五"全国农业绿色发展规划》，这是我国首部农业绿色发展专项规划，要求"加快构建畜禽粪污资源化利用市场化机制，建立畜禽粪污收集、处理、利用信息化管理系统，持续开展畜禽粪污资源化利用整县推进，建设粪肥还田利用种养结合基地，培育发展畜禽粪污能源化利用产业"。

该阶段我国围绕畜牧业环保和粪污资源化利用，规范和扶持政策不断发力，有效提升了畜牧业环境保护和粪污的资源化利用水平。

2. 畜牧业的发展现状

（1）主要畜产品产量和人均占有量都快速增加

据中国肉类协会的数据，1949 年，我国生猪、牛、羊存栏量分别为 5 775.2 万头、4 393.6 万头、4 234.7 万头，到 1977 年，分别增加到 29 177.7 万头、7 037.8 万头、16 135.7 万头。1980—2006 年，全国猪牛羊肉总产量平均年增长率达到 6.6%①（田维明 等，2007）。2000—2022 年②，全国肉类总产量、牛奶产量、禽蛋总产量分别为 9 328 万吨、3 932 万吨、3 456 万吨，平均年增长率分别为 2%、7.1%、2.1%。2022 年的全国肉类总产量、牛奶产量、禽蛋总产量分别是 2000 年的 1.55 倍、4.75 倍、1.58 倍（图 2-1）。

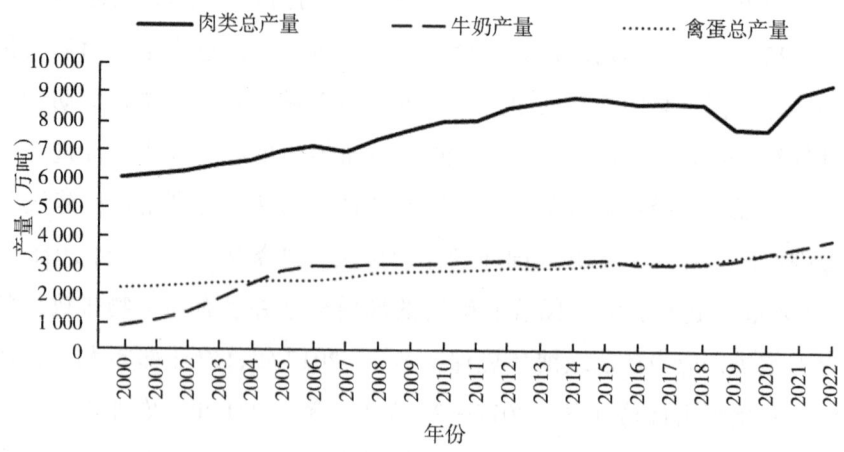

图 2-1 2000—2022 年我国主要畜产品的产量变化走势

数据来源：《中国统计年鉴 2023》。

我国自 2008 年成为世界上最大的肉类生产国，自 2016 年成为世界上最大的猪肉生产国、消费国，连续多年保持家禽饲养量和禽蛋产量世界第

---

① 该数据为根据农业普查数据调整后的数据。
② 2000—2006 年全国畜牧数据与农业普查数据已作衔接。

一、禽肉产量世界第二的水平。2022年，全国肉类总产量超过9 000万吨，创近十年新高，占全球肉类总产量的1/4以上。

从近年的肉类产量结构来看，2000—2018年，全国猪肉产量占肉类总产量的比重达到62%~67%，2019—2022年，这一比重都在60%以下，整体是下降趋势。禽肉产量占肉类总产量的比重在20%~32%，整体是上升趋势。牛羊肉产量占肉类总产量的比重稳定在12%~15%，整体变化幅度较小，这与我国的肉类消费习惯——红肉为主、白肉为辅密切相关（图2-2）。

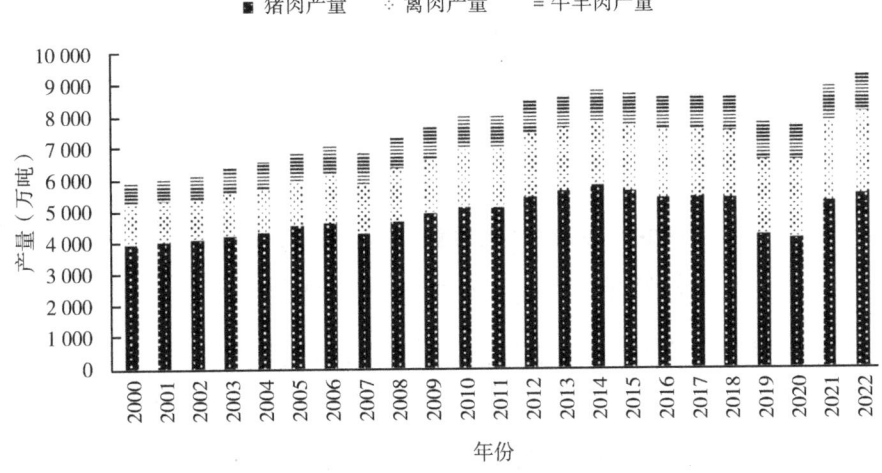

图2-2　2000—2022年我国主要肉类的产量及结构走势

数据来源：《中国统计年鉴2023》。

据新华社报道，1949年，我国人均肉、蛋占有量分别只有4.1公斤和0.7公斤，奶类人均占有量则更少。到1980年，我国人均肉、蛋、奶占有量分别增加到12.3公斤、2.6公斤和1.2公斤，但分别只相当于美国人均占有量的12.9%、15.7%和1.1%，分别只相当于全球平均水平的44.8%、45.8%和2.8%（王明利，2018）。到2008年，我国人均肉、蛋、奶占有量已分别达到54.9公斤、20.4公斤和28.5公斤，肉类人均占有量已达到全球平均水平,而蛋类则已达到发达国家平均水平。到 2022 年,我国人均肉、蛋、奶占有量分别增加到 70.6 公斤、21.7 公斤和 32.3 公斤,分别已经达到美国人均占有量的 57.4%、136.5% 和 14%,达到日本人均占有量的 116.9%、109% 和 51.9%,为全球平均水平的 158.7%、207.7% 和 39.1%(图 2-3)。

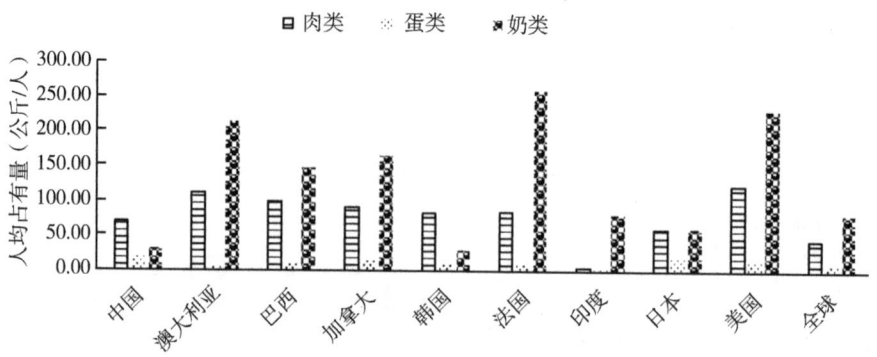

图 2-3　2022 年主要国家人均肉、蛋、奶占有量

数据来源:https://www.fao.org/faostat/en/#data/FBS。

(2)畜牧业成为农业和农村经济发展的重要支柱产业

畜牧业的快速发展改善了我国农村经济结构。2022 年,我国牧业总产值为 41 307.7 亿元,是 1978 年的 197.36 倍,在农林牧副渔业总产值中的占比从 15% 上升到 26.5%,最高时达到 35.4%。农业(种植业)、林业、牧业、渔业产值结构比由 1978 年的 80∶3.4∶15∶1.6 调整为 2022 年的 54.1∶4.4∶26.5∶9.9,畜牧业与种植业并列为农业生产的两大支柱(图 2-4)。

传统牧业大省区由于位于生态环境恶劣的北方和西北干旱高寒地带,不适合发展种植业,饲养的主要为牛羊等反刍动物,牧业总产值在农林牧副渔业总产值中的占比达到 50% 左右,如青海为 56.5%,西藏为 50.6%,内蒙古为 46%。在农区,当地可获得的饲料数量和种类是决定牲畜饲养结构和规模的主要因素,饲养的牲畜主要是生猪、禽类等非反刍动物。20 世纪90年代以来，河北、山东、河南等地大力推广"秸秆养牛"技术，肉牛产业得到较快发展。在一些近城市的农区，奶牛饲养规模迅速扩大。在由东北到西南的中部农区，畜牧业已成为重要支柱产业。

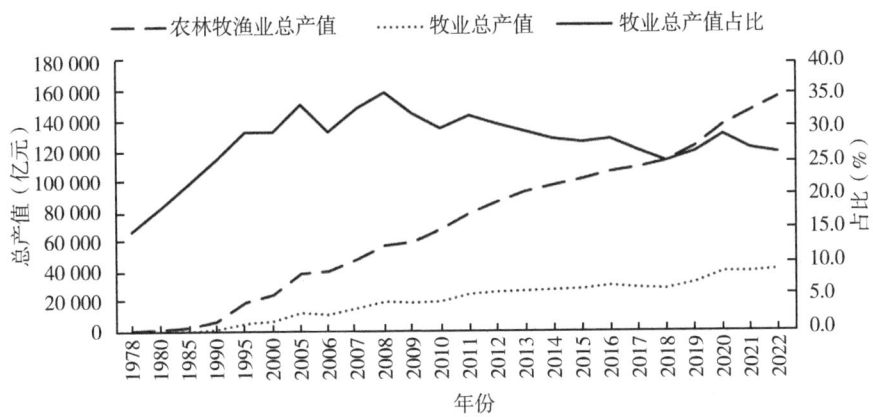

图2-4　1978—2022年全国牧业总产值及在农林牧渔业总产值中的占比变化

数据来源：《中国统计年鉴》。

（3）畜禽生产布局具有明显的地域性

我国幅员辽阔、地形复杂，各地区自然环境、饲料资源、技术水平、社会消费需求、民俗习惯和生产特点等方面存在显著差异，畜牧业也因此被划分为不同的区域。中国畜牧业综合区划研究组将我国畜牧业分为青藏高原区、蒙新高原区、黄土高原区、西南山地区、东北区、黄淮海区、东南区7个区域。有的学者根据饲养方式的不同将我国畜牧业分为农区畜牧业、农牧混合畜牧业、牧区畜牧业3种模式。我国畜牧业区域布局演变的总体趋势是不断向优势区域集中，但是随着资源结构性供给不足、环境区域性污染严峻等问题日益突出，畜牧业布局有向中西部地区转移的趋势，东部经济发达地带和城市群的高压环保措施对畜牧业布局转移构成了一定影响，但当前畜牧业生产重心仍为北方冀鲁豫三省和南方"川—湘"一带（表2-1）。

表 2-1　2022 年各地区的畜产品生产结构　　　　单位：万吨

地区	肉类				奶类	禽蛋
	总产量	猪肉	牛肉	羊肉		
北京	4.3	2.8	0.4	0.2	26.2	8.7
天津	29.5	16.7	2.9	1.0	51.1	20.2
河北	478.8	273.4	58.1	36.9	549.3	398.4
山西	143.2	92.4	9.1	11.2	143.1	118.0
内蒙古	284.1	73.7	71.9	110.2	740.8	62.6
辽宁	446.2	242.6	32.3	6.7	135.1	315.8
吉林	291.0	150.1	44.3	8.3	29.4	95.8
黑龙江	312.5	191.8	52.7	15.2	501.9	107.8
上海	9.5	8.3	—	0.2	30.2	4.6
江苏	318.1	179.4	2.9	7.2	68.8	233.4
浙江	108.5	71.4	1.5	2.4	19.7	31.7
安徽	475.3	248.3	11.7	22.5	50.7	186.7
福建	296.3	128.1	2.7	2.3	22.1	59.8
江西	359.9	249.9	17.1	3.1	7.9	68.4
山东	844.5	368.4	60.4	33.7	304.5	438.1
河南	660.0	434.9	36.7	29.0	217.8	456.2
湖北	441.2	331.7	16.3	10.5	9.2	208.0
湖南	580.9	457.9	21.6	18.2	7.2	117.5
广东	481.0	279.8	4.5	2.0	19.9	47.2
广西	454.9	262.7	14.9	4.3	13.1	29.3
海南	69.2	33.9	2.0	1.1	0.3	5.9
重庆	205.3	150.0	8.0	6.9	3.2	50.5
四川	685.7	478.0	38.6	27.4	70.8	175.5
贵州	241.0	178.8	22.8	4.7	3.7	33.6
云南	521.6	393.2	43.6	21.7	70.2	43.3
西藏	28.6	1.8	21.4	5.1	57.8	1.1
陕西	132.1	101.6	8.9	10.2	170.5	63.6
甘肃	142.6	67.9	27.2	36.5	92.7	21.6
青海	41.0	6.3	21.9	12.4	35.3	1.5

(续表)

地区	肉类				奶类	禽蛋
	总产量	猪肉	牛肉	羊肉		
宁夏	36.8	9.0	12.5	12.5	342.5	13.2
新疆	204.7	57.0	49.4	60.7	231.5	38.2

注：—表示没有统计数据。

资料来源：《中国统计年鉴2023》。

(4) 畜禽养殖规模仍然偏小

规模化养殖技术水平高，可以更好地利用当地的饲料资源，控制产品质量，并节约交易成本。经过多年的发展，我国畜禽养殖主体格局发生深刻变化，规模养殖快速发展，全国畜禽养殖规模化率已经提高到2022年的70%以上，意味着绝大部分养殖产能都完成了规模化，散养户所占的市场比例已经极小。但是总体上养殖规模仍然偏小，以生猪为例，2021年，全国生猪年出栏500头以下场（户）数占比为99.2%，其中，年出栏50头以下占比为93.5%（表2-2）。

与规模化养殖场（户）相比，小规模小养殖场（户）在技术、经营管理、市场风险抗御和重大疫病防控等方面还有很大差距。《"十四五"全国畜牧兽医行业发展规划》提出，到2025年，畜禽养殖规模化率达到78%以上。畜禽养殖规模化率越高，越容易受到饲料价格和产品价格波动的影响，带来的环境污染问题也越来越突出。

表2-2 2021年我国主要畜禽养殖规模

畜禽品种	年出栏场（户）数占比（%）								年末存栏场（户）数占比（%）			
	500头以下	其中:50头以下	50 000只以下	其中:2 000只以下	100头以下	其中:10头以下	500只以下	其中:30只以下	10 000只以下	其中:500只以下	100头以下	其中:50头以下
生猪	99.2	93.5	—		—		—		—			
肉鸡			99.8	98.7								
肉牛					99.6	92.6						

(续表)

畜禽品种	年出栏场（户）数占比（%）						年末存栏场（户）数占比（%）			
	500头以下	其中：50头以下	50 000只以下	其中：2 000只以下	100头以下	其中：10头以下	500只以下	其中：30只以下	10 000只以下	其中：500只以下	100头以下	其中：50头以下
羊					99.6	82.7						
蛋鸡	—	—	—	—					99.5	96.8		
奶牛	—	—	—	—	—						99.8	97.2

资料来源：《中国畜牧兽医年鉴2022》。

（5）畜产品进口增长迅猛

入世以来，我国畜产品进口增长迅猛，出口显著下降。这一变化具体表现在，与我们日常消费和食品安全紧密关联的资源密集型的畜产品进口绝对数量大，2023年猪肉、牛肉、羊肉、乳制品的进口量分别是2001年的16.3倍、229.1倍、17.1倍、84.8倍，在全球贸易量中的占比分别上升到18.4%、1.8%、31.3%、8%（表2-3）。

对于国内庞大的消费量来说，任何一个品种的进口增加对全球市场都会带来重要影响。例如，我国常年的猪肉产量在5 000万吨以上，如果减产10%就是500万吨，而全球的猪肉贸易量也就800多万吨。因此，还需要持续提高畜产品综合生产能力和重要畜产品供应能力。

表2-3　入世以来我国主要畜产品进出口情况　　单位：万吨

畜产品	编码	进出口	2001年		2005年	2010年	2015年	2020年	2023年	
			数量	占比（%）					数量	占比（%）
牛肉	0201	进口量	0.03	0.0	0.02	0.04	0.67	4.87	6.54	1.8
		出口量	0.07	—	0.75	0.71	—	—	—	—
猪肉	0203	进口量	9.43	1.8	3.10	20.13	77.75	430.18	154.06	18.4
		出口量	10.32	2.0	25.05	11.01	7.15	1.06	2.63	—
羊肉	0204	进口量	2.54	2.8	4.14	5.70	22.29	36.49	43.36	31.3
		出口量	0.29	0.3	3.00	1.35	0.38	0.17	0.16	0.1

(续表)

畜产品	编码	进出口	2001年 数量	2001年 占比(%)	2005年	2010年	2015年	2020年	2023年 数量	2023年 占比(%)
乳制品	0401	进口量	0.96	—	0.38	1.59	15.96	104.03	81.38	8.0
		出口量	2.64	—	3.35	2.25	2.46	2.52	2.55	0.3

注：—表示没有统计数据或者数据很小。

资料来源：https://comtradeplus.un.org/。

二、渔业的发展历程与现状

1. 渔业的发展历程

我国拥有300多万平方千米的蓝色国土，海洋空间资源、水体资源和生物资源蕴藏量巨大，具有广阔的开发潜力。我国是世界上最早从事水产养殖的国家之一，渔业在江河湖泊流域和沿海地区始终占有重要地位。改革开放以来，从吃鱼难到年年有余，我国渔业大致经历了五个发展阶段。

（1）恢复发展期（1978—1984年）

1979年2月，国家水产总局召开了改革开放后第一次全国水产工作会议，提出"集中力量积极发展养殖，提高水产品量"。1978—1984年，我国渔业总产量从465.35万吨增加到619.34万吨，年均增长率为4.9%，其中，海洋捕捞产量、淡水捕捞产量分别从314.52万吨、29.64万吨增加到394.37万吨、43.86万吨，海水养殖产量、淡水养殖产量分别从44.95万吨、76.23万吨增加到63.15万吨、181.11万吨。我国渔业总产量、捕捞产量、养殖产量在全世界的占比分别从1978年的7.2%、5.9%和18.4%提高到1984年的8%、6.5%和24%。

该阶段国家鼓励渔业生产，海水养殖、淡水养殖、海洋捕捞、淡水捕捞产量都出现一定程度增长，特别是淡水养殖增速较快。但是对水产品实行统购统销制约了广大渔民生产的积极性,吃鱼难的问题还普遍存在。

(2) 快速发展期(1985—1994年)

1985年3月,中共中央、国务院印发《关于放宽政策、加速发展水产业的指示》,这是国家第一次专门就加速发展水产业发出的指示,确立了水产品率先实行市场放开的一项根本性变革①,并确立了"以养为主"的发展方针。1986年《中华人民共和国渔业法》颁布实施,为渔业发展和渔民权益维护提供法律保障。1985—1994年,我国渔业总产量从705.18万吨增加到2 515.69万吨,年均增长率为15.2%,其中,海洋捕捞产量、淡水捕捞产量分别从419.75万吨、47.51万吨增加到994.44万吨、126.79万吨,海水养殖产量、淡水养殖产量分别从71.23万吨、237.92万吨增加到604.8万吨、789.66万吨。我国渔业总产量、捕捞产量、养殖产量在全世界的占比分别从1985年的8.8%、6.8%、27.2%提高到1994年的20.8%、12%、50.2%。

该阶段国家将发展水产工作作为调整农村产业结构、促进粮食转化的一个战略措施进行部署,广大渔民的生产积极性被充分调动。水产养殖产量在1991年首次超过海洋捕捞产量标志着我国渔业发展成功实现了从狩猎型向养殖型转变,初步解决了吃鱼难的问题,但是由于近海捕捞量增加到近900万吨,捕捞强度超过渔业资源承载能力。

(3) 扩量发展期(1995—2005年)

1997年,国务院印发《国务院批准农业部关于进一步加快渔业发展意见的通知》,提出"把渔业作为农业中的一个大产业,摆上重要位置,采取有力措施,切实抓好""积极发展淡水和近海养殖,有计划地扩大远洋渔业,加强对近海渔业资源的保护和合理利用。要切实加强对渔业工作的领导,在政策以及技术和资金等方面继续给予积极扶持,推动我国渔业和渔区经济持续、快速、健康发展"。1995—2005年,我国水产品总产量从2 953.04万吨增加到4 419.86万吨,年均增长率为4.1%,其中,海水养殖

---

① 渔民可以就地生产、就地销售,也可以长途运销,不受行政区域约束。

产量、淡水养殖产量分别从721.51万吨、940.76万吨增加到1 210.81万吨、1 733万吨，海洋捕捞产量、淡水捕捞产量分别从1 139.75万吨、151.02万吨增加到1 255.09万吨、220.97万吨。

该阶段水产养殖业成为促进农村经济发展的重要产业，水产养殖潜力得到进一步挖掘。同时，随着对渔业资源保护和可持续发展意识的增强，国家及时设立海洋伏季休渔制度、长江等重要内陆水域禁渔期制度，启动实施海洋渔业资源总量管理制度，实施人工鱼礁、增殖放流等一系列水生生物资源的养护措施，渔业资源衰退的状况得到了有效遏制。

（4）稳步发展期（2006—2011年）

2006年，国务院印发《中国水生生物资源养护行动纲要》，提出"坚持科技创新，完善管理制度，强化保护措施，养护和合理利用水生生物资源，全面提升水生生物资源养护管理水平，改善水域生态环境，实现渔业可持续发展"。水产收入各项税收自2006年全面取消，减轻了渔民生产生活负担，再次调动了广大农渔民生产积极性。2007年，《中华人民共和国物权法》在用益物权篇规定了"使用水域滩涂从事养殖和捕捞的权利"，为保护渔民水域滩涂使用权提供了法律依据。2006—2011年，我国水产品总产量从4 583.6万吨增加到5 603.21万吨，年均增长率为4.1%，其中，海水养殖产量、淡水养殖产量分别从1 264.16万吨、1 853.59万吨增加到1 551.33万吨、2 471.93万吨，海洋捕捞产量、淡水捕捞产量分别从1 245.47万吨、220.38万吨增加到1 356.72万吨、223.23万吨。

该阶段水生生物资源养护成为国家战略，渔业资源养护力度空前加强，捕捞水产品产量在总产量中的占比进一步下降，水产养殖产量占比超过70%，我国成为世界上唯一一个水产养殖产量超过渔业捕捞产量的国家。

（5）转型发展期（2012年至今）

2013年，国务院印发《关于促进海洋渔业持续健康发展的若干意见》，提出"以加快转变海洋渔业发展方式为主线，坚持生态优先、养捕结合和控制近海、拓展外海、发展远洋的生产方针"。2021年，财政部、农业农村部印发《关于实施渔业发展支持政策推动渔业高质量发展的通知》，提出"按照总体稳定、结构优化、提质增效、绿色发展的思路，调整补助资金支出结构和使用方向，构建与渔业资源养护和产业结构调整相协调的新时代渔业发展支持政策体系"。2012—2023年，我国水产品总产量从5 502.14万吨增加到7 116.17万吨，年均增长率为2.4%，其中，养殖产量、捕捞产量分别由4 288.36万吨、1 619.32万吨增加到5 809.61万吨、1 306.56万吨，养殖产品和捕捞产品的产量比例由72.6∶27.4调整为81.6∶18.4；海水产品产量、淡水产品产量分别从3 033.34万吨、2 874.33万吨增加到3 585.32万吨、3 530.85万吨，海水产品与淡水产品的产量比例由51.3∶48.7调整为50.4∶49.6。

该阶段国家持续推进渔业转方式调结构，减船转产力度加大导致海洋捕捞产量稳中有降、水产养殖产量平稳上升。

2. 渔业的发展现状

自1989年我国水产品产量跃居世界第一位以来，此后30多年中始终保持着以养为主的生产格局。《中国的远洋渔业发展》白皮书显示，2020年我国水产养殖产量约占水产品总产量的80%，全球的水产养殖产品约40%来自中国。水产养殖的发展从根本上改变了我国依靠天然捕捞水产品的历史，极大缓解了天然渔业资源保护利用的压力。

水产养殖已成为一些农村地区的重要经济增长点和渔民收入的来源。2023年，我国渔业总产值为15 158.63亿元，是1978年的656.4倍，在农林牧副渔业总产值中的占比从1.6%上升到9.9%，最高时达到10.9%（图2-5）。在沿海地区，渔业总产值在农林牧副渔业总产值中的占比在20%以上，福建为31.2%，江苏为22.1%，广东为21%。2023年，渔民人均纯收入达到25 777.21元，是1985年的41.3倍。

随着水产品总产量的增加，我国水产品人均占有量也不断上升。

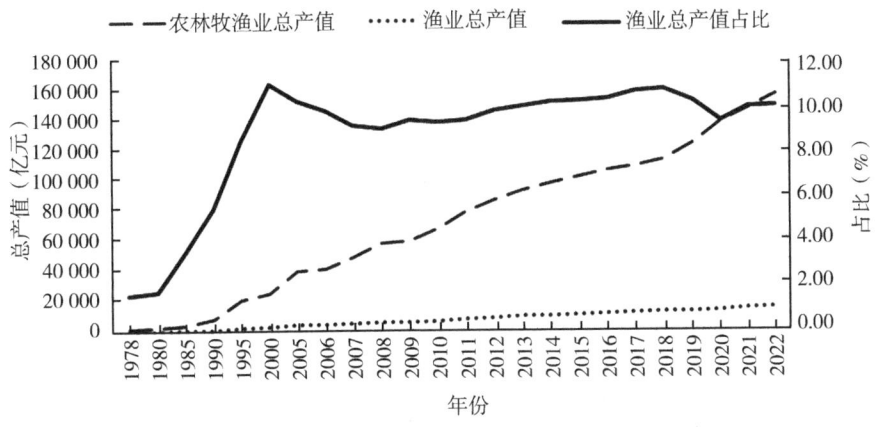

图 2-5　1978—2022 年全国渔业总产值及在农林牧渔业总产值中的占比变化

数据来源：《中国统计年鉴》。

1991—2022 年，我国人均水产品占有量从 11.74 公斤增加到 50.48 公斤，年均增长率为 14.2%。目前，我国人均水产品占有量是世界平均水平的 2 倍左右。国内消费市场的增长推动了我国水产品贸易格局的改变，我国水产品贸易顺差大幅收窄甚至变为逆差，2012 年、2023 年，我国水产品出口量分别为 380.12 万吨、379.82 万吨，进口量分别为 412.38 万吨、676.23 万吨，贸易逆差由 32.3 万吨扩大到 296.4 万吨。

三、城乡居民对肉蛋奶和水产品的消费现状与趋势

1. 消费现状

随着我国居民食物安全从"吃得饱"到"吃得好""吃得健康"，再到"吃得可持续"的转变，城乡居民食物消费结构从主粮为主转向主粮、蔬菜、肉类等多元化的消费，并表现出对果蔬肉禽鱼蛋奶需求的持续增加。粮食（原粮）对城乡居民膳食蛋白质来源的贡献逐渐下降，动物类食

物占比逐渐升高，2015年动物类食物已经超过谷物类成为城市居民第一大蛋白质来源①。

2015—2021年，我国城镇居民人均粮食、肉蛋奶和水产品消费量都在增加，其中，牛肉、禽类、蛋类、猪肉涨幅较大，分别为33.3%、30.9%、27.6%、21.3%，相比而言，人均水产品消费量涨幅偏小，为13.6%。从动物类食品人均绝对消费量看，2021年猪肉以25.1公斤位居第一，随后依次是奶类18.2公斤、水产品16.7公斤、蛋类13.4公斤、禽类12.3公斤、牛肉3.2公斤、羊肉1.6公斤；我国农村居民人均粮食、肉蛋奶和水产品消费量也都在增加，其中，除了粮食（原粮）外人均肉蛋奶和水产品消费量涨幅都远超城镇居民，牛肉、禽类、蛋类、水产品、奶类涨幅分别达到87.5%、74.7%、56.6%、51.4%、47.6%。从动物类食品人均绝对消费量看，城镇居民消费量一直高于农村居民，但是差距在显著缩小。2021年，城乡居民猪肉、禽类消费量基本持平，城镇居民奶类、水产品、牛肉、羊肉、蛋类消费量比农村居民分别高出8.9公斤、5.8公斤、1.7公斤、0.4公斤、0.4公斤（表2-4和表2-5）。

表2-4 2015—2021年全国城镇居民人均粮食和肉蛋奶消费变化

单位：公斤

年份	粮食	猪肉	牛肉	羊肉	禽类	水产品	蛋类	奶类
2015	112.6	20.7	2.4	1.5	9.4	14.7	10.5	17.1
2016	111.9	20.4	2.5	1.8	10.2	14.8	10.7	16.5
2017	109.7	20.6	2.6	1.6	9.7	14.8	10.9	16.5
2018	110.0	22.7	2.7	1.5	9.8	14.3	10.8	16.5
2019	110.6	20.3	2.9	1.4	11.4	16.7	11.5	16.7
2020	120.2	19.0	3.1	1.4	13.0	16.6	13.5	17.3
2021	124.8	25.1	3.2	1.6	12.3	16.7	13.4	18.2
增长率（%）	10.8	21.3	33.3	6.8	30.9	13.6	27.6	6.4

资料来源：《中国住户调查年鉴》。

---

① 资料来源：大食物观下的食物安全保障，http://www.rmlt.com.cn/2023/0616/675785.shtml。

表 2-5　2015—2021 年全国农村居民人均粮食和肉蛋奶消费变化

单位：公斤

年份	粮食	猪肉	牛肉	羊肉	禽类	水产品	蛋类	奶类
2015	159.5	19.5	0.8	0.9	7.1	7.2	8.3	6.3
2016	157.2	18.7	0.9	1.1	7.9	7.5	8.5	6.6
2017	154.6	19.5	0.9	1.0	7.9	7.4	8.9	6.9
2018	148.5	23.0	1.1	1.0	8.0	7.8	8.4	6.9
2019	154.8	20.2	1.2	1.0	10.0	9.6	9.6	7.3
2020	168.4	17.1	1.3	1.0	12.0	10.3	11.8	7.4
2021	170.8	25.4	1.5	1.2	12.4	10.9	13.0	9.3
增长率（%）	7.1	30.3	87.5	33.3	74.7	51.4	56.6	47.6

资料来源：《中国住户调查年鉴》。

我国肉类消费以猪肉为主，2023 年我国猪肉消费量为 5 794 万吨，占全球猪肉总消费量的 51.3%，也就是说，全球范围内超过一半的猪肉进了中国人的肚子。鸡肉是仅次于猪肉的第二大消费肉类，鸡肉与猪肉消费存在一定的替代性。禽肉低脂肪、低胆固醇、低热量、高蛋白的"三低一高"的营养优势，加之禽肉明显低于猪牛羊肉的显著价格优势，使得禽肉在优化健康饮食结构、保障低收入人群优质蛋白质摄入方面优势特征显著。特别是受非洲猪瘟及贸易战的影响时，鸡肉对猪肉的替代效应凸显。

我国居民人均牛肉消费量持续上升，相较于猪肉而言，牛肉在相同质量下含有更高的优质蛋白质含量及更少的脂肪，并富含全品类氨基酸、B 族维生素、易被人体吸收的铁质和低脂的亚油酸，是优质的蛋白质来源；随着居民生活方式的转变及火锅、烧烤等餐饮方式的广泛流行，羊肉因具备蛋白质含量高且脂肪和胆固醇含量低等优点，我国居民羊肉消费意愿持续增强。2023 年，我国居民人均肉类消费量为 34.57 公斤，其中，猪肉 23.5 公斤，鸡肉 10.22 公斤，牛肉 7 公斤，羊肉 4.07 公斤，猪肉占居民人均肉类消费量比例的 68%。

牛奶营养丰富，营养价值很高且易于消化吸收，是适合病人、幼儿、老人食用的天然乳制品，人均消费量不断增加。《中国居民膳食指南（2022）》对奶及奶制品的推荐摄入量也已由此前的 300 克/（天·人）调整为 300~500 克/（天·人）。我国液态奶人均消费量为全球平均水平的 1/3 左右，对标人民日益增长的美好生活需要，乳品仍是畜产品供给结构和居民膳食结构中的一块突出短板。

水产品相对于畜肉脂肪含量更低，富含的不饱和脂肪酸更利于保护心血管系统。作为优质蛋白质，我国居民人均水产品消费呈现快速上升势头，已超过禽类、蛋类、牛羊肉，成为仅次于猪肉的第二大动物性食品来源。由于受到天然水生物源的限制，捕捞业产量有限，因此水产品的需求将更多依赖于人工养殖，直接推动水产养殖业的快速发展。

2. 主要影响因素及发展趋势

（1）主要影响因素

在市场经济中，多元因素影响食物消费水平，其中，经济发展水平是根本影响因素，个人收入水平是重要影响因素。动物蛋白质主要来源于禽、畜、鱼类和昆虫等的肉蛋奶，从世界范围来看，经济水平越高的国家，人均动物蛋白需求量也越高，动物蛋白质的需求与个人收入密切相关。

人均可支配收入和城镇化水平是影响我国居民肉蛋奶和水产品消费的两个主要影响因素，人均可支配收入和城镇化水平越高，居民对肉蛋奶和水产品的需求量也越多（刘慧 等，2022）。而国内生产总值（GDP）与居民人均可支配收入存在重要相关关系，一般来说，GDP 增长越快，人均可支配收入增长也越快。我国经济多年高速增长，2023 年，全年 GDP 为 126.06 万亿元，比 2022 年增长 5.2%，折合美元 17.89 万亿美元，稳居世界第二位；全国人均 GDP 为 8.94 万元，折合美元约 1.269 万美元，连续三年保持在 1.2 万美元以上。党的十九届五中全会提出"到 2035 年基本实现社会主义现代化"的远景目标，届时我国 GDP 将达到中等发达国家水平。毛学峰等（2014）通过对标欧美日韩等发现，当人均GDP进入15 000~20 000美元后，食物消费趋于稳定或缓慢增长，肉类人均消费（包含水产品）趋近于100公斤左右。

从全国居民人均可支配收入和常住人口城镇化率两个指标看（表2-6），2010—2020年，全国居民人均可支配收入年均实际增长7.2%，十年增加了一倍；常住人口城镇化率由49.95%提高到63.89%，年均提高约1.4个百分点。《中华人民共和国国民经济和社会发展第十四个五年规划和2035年远景目标纲要》提出，到2025年，全国居民人均可支配收入与GDP增长基本同步，常住人口城镇化率提高到65%。实际上，到2023年，全国居民人均可支配收入增加到3.92万元，常住人口城镇化率提高到66.2%，提前实现预期目标。学者们预测，到2035年，全国居民人均收入增长速度保持在5%左右，按不变价格比2020年翻一番；常住人口城镇化率将达到72%左右。

表2-6 全国居民人均可支配收入和常住人口城镇化率变化趋势

指标	2010年	2020年	2021年	2022年	2023年	2035年（预测）
全国居民人均可支配收入（万元/人）	1.25	3.22	3.51	3.69	3.92	6.44
常住人口城镇化率（%）	49.95	63.89	64.72	65.22	66.16	72

资料来源：国家统计局、学者预测。

(2) 发展趋势

关于我国居民对肉蛋奶和水产品等动物性产品消费趋势的定量研究可以归纳为两个视角。

一是人均动物蛋白需求视角。农业农村部食物与营养发展研究所（2022）的测算思路和结果如下。首先，依据《中国居民膳食指南（2022）》推出的各类食物推荐摄入量，按中值水平即肉类70克/天、奶类400克/天、蛋类50克/天、水产品50克/天，折合动物蛋白40.9克/

天，考虑消费环节约6%的损耗浪费，达到新版膳食指南推荐标准时的人均每日动物蛋白消费量需达到43.5克；进一步综合第七次人口普查数据、中国社会科学院及联合国多方预测，预计2025年我国人口将开始下降，2035年降为13.91亿人，动物蛋白总需求量增幅约为20%；最后综合以上因素，预计2035年我国人均肉类、奶类、蛋类、水产品消费量分别增加到76公斤、53.4公斤、25公斤、34公斤，比2021年分别增加6.18公斤、10.87公斤、0.92公斤、11.23公斤，到时我国人均动物蛋白需求达到峰值43.4克/天，比2021年增加5.8克/天。

二是人均动物产品消费量视角。农业农村部畜牧兽医局饲料饲草处处长黄庆生测算结果显示，目前我国禽蛋的人均表观消费量①、消费需求总量均接近峰值，肉类、水产品的人均消费量将在2035年达到峰值，而奶类的人均消费量、消费需求总量峰值年份较远（表2-7）。

表2-7 我国居民动物性产品消费需求量预测

年份	总人口（亿人）	城镇化率（%）	人均动物产品表观消费量（公斤）				动物性产品消费需求总量（万吨）			
			肉类	禽蛋	奶类	水产品	肉类	禽蛋	奶类	水产品
2021	14.126	64.7	69.6	24.1	42.5	33.9	9 825	3 402	6 007	6 700
2025	14.16	65.1	72.7	25	47.8	38.5	10 300	3 540	6 770	7 370
2030	14.09	69.0	75.2	25	50.6	44.3	10 600	3 520	7 130	8 140
2035	13.91	73.8	75.7	25	53.4	45	10 535	3 480	7 430	8 150
2040	13.6	75.0	75.2	25	55.3	45	10 225	3 400	7 520	8 010
峰值	14.16	—	75.7	25	59.0	45	10 600	3 540	7 546	8 220
达峰年	2025	—	2035	2023	2051	2033	2030	2025	2045	2031

资料来源：根据农业农村部畜牧兽医局饲料饲草处处长黄庆生"第二届全国反刍料大会"的报告《我国反刍动物产业潜力与饲草料需求分析》整理。

① 指当年产量加上净进口量（当年进口量减出口量），特点是较易取得相关数据。

四、本章小结

改革开放以来，我国畜牧业从家庭副业成长为农业农村经济支柱产业，水产养殖已成为一些农村地区的重要经济增长点和渔民收入的来源。我国人均肉、蛋占有量已超出全球平均水平，人均水产品占有量是全球平均水平的2倍左右，只有人均奶类占有量与全球平均水平还有差距。

我国居民肉类消费以猪肉为主，占绝对主导地位。鸡肉是仅次于猪肉的第二大消费肉类，与猪肉消费存在一定的替代性。近年来，我国居民动物性产品消费结构发生了变化，猪肉消费增速趋缓，乳品、水产品、牛羊肉消费增速较快，相对于生猪和禽类，牛羊等反刍动物消耗的饲料粮较少，但是猪肉和鸡肉的消费量仍占居民人均肉类消费量比例的近98%。

随着我国经济持续健康增长、城乡居民收入水平和城市化进程提高，城乡居民消费结构进入加速升级阶段，肉蛋奶和水产品等动物蛋白摄入量还会增加，目前只有禽蛋的人均消费量接近峰值，肉类、水产品的人均消费量预计将在2035年达到峰值，而奶类的人均消费量、消费需求总量峰值年份较远。我国畜禽养殖和水产养殖步入由传统养殖向现代养殖的重要时期，畜牧业规模化养殖快速发展，水产养殖量持续增长。这将带动工业饲料的发展和饲料粮需求的持续增长。

第三章 饲料工业的发展

城乡居民对肉蛋奶和水产品等动物性产品消费需求的持续增加驱动畜牧业规模化养殖快速发展和水产养殖量持续增长,这一发展趋势必将增加对工业饲料的需求。而饲料粮是生产工业饲料的最主要原料,饲料工业的发展水平与发展趋势既受饲料原料供给的影响,同样也反过来影响所需饲料粮的数量和结构。

一、饲料工业的发展历程及现状

1. 饲料工业的发展历程

我国几千年来都是用剩菜剩饭、杂粮杂豆、草秧秸秆养殖牲畜。为适应养殖业迅速崛起的需要,20世纪70年代后半期产生了饲料工业。我国饲料工业从无到有,由小变大,逐步成为有效联结种植业和养殖业的中轴产业,成为国民经济中重要的基础产业之一。改革开放以来,我国饲料工业大致经历了四个发展阶段。

(1) 初创期 (1978—1982年)

1978年,商业部成立了饲料局,开始兴办饲料工业,各地相继建立了饲料公司,我国创建的第一个现代化配合饲料厂是北京南苑配合饲料厂。第一家现代化饲料企业——深圳正大康地集团成立于1979年,也是我国改革开放后第一家外资企业,为我国饲料工业带来了国外20世纪80年代先进饲料加工技术,对促进中国饲料工业进步意义深远。1982年,刘氏四兄弟在四川创办了国内首家饲料企业——希望集团,标志着中国商品饲料打破了被国外垄断的局面。

这个阶段我国饲料工业刚刚起步,企业数量极少,产量低。到1979年底,全国建成并投产的年单班产量在2 000吨以上的饲料厂仅40余座,饲料总产量只有78万吨。

(2) 快速发展期(1983—2000年)

1982年10月,邓小平同志指出,"要搞饲料工业,这也是一个行业。"[①] 在邓小平同志的倡导下,1983年《政府工作报告》中提出,积极发展饲料加工业,大幅度提高配合饲料的产量。随后国务院于1984年12月26日正式颁布了《1984—2000年全国饲料工业发展纲要(试行草案)》,以纲要的颁布为标志,我国饲料工业正式列入国民经济发展计划。1989年国务院在《关于当前产业政策要点的决定》中,把饲料工业列为重点支持和优先发展的产业。在国家的资金、技术以及税收等各项政策的扶持下,我国饲料工业迅速成长起来。1990年全国时产5吨以上的饲料加工企业有551家,占比不到4%,而到2000年,全国时产5吨以上的饲料加工企业有1 764家,占比14.4%。饲料工业总产值由1990年的207亿元上升到2000年的1 580亿元,在全国统计的38个工业行业中排名第16位。1994年正大集团上海大江水产饲料厂(虾)建成投产,1996年正大集团上海大江水产饲料厂膨化车间建成投产,推动硬颗粒饲料与膨化饲料应用技术的发展。

这个阶段饲料加工行业整体发展迅速。1984—1990年,全国饲料总产量从718万吨增加到2 726万吨,年均增速为24.9%。1991年我国成为仅次于美国的第二大饲料生产国。1991—2000年,全国饲料总产量从3 570万吨增加到7 429万吨,年均增速为8.5%。饲料添加剂产品中维生素、氨基酸基本自给,矿物质饮料也基本实现了自给。饲料机械制造企业发展到

---

① 资料来源:农业农村部官网,饲料工业:大国崛起,https://www.moa.gov.cn/ztzl/nyncggfz30n_1/gd/200812/t20081217_1191463.htm。

270多家，粉碎机、混合机、制粒机等饲料机械产品均达到了国际先进水平。饲料产品质量稳步提升，2000年全国配合饲料产品抽查总体合格率为80.8%，比1990年提高20.9个百分点。

（3）快速扩张期（2001—2010年）

随着饲料生产技术的日趋成熟，饲料配方透明易得，行业准入门槛降低，上一阶段的高额利润吸引了大量企业涌入饲料行业，行业竞争日趋激烈，企业毛利率下降，开始出现结构性产能过剩的情况。2005年全国饲料生产企业15 518家，比2001年增加了3 613家。同时，随着养殖业生产方式加快转变，尤其是标准化规模养殖加速发展，饲料工业对养殖业的支撑地位更加突出，以小养殖户为主要客户的中小饲料企业难以为继。2009年三聚氰胺事件发生后国家整治饲料行业质量安全，不达标的小饲料厂被大量关停。在这样的行业形势下，饲料行业联合、重组、兼并步伐加快。同时一批专注于发展高技术含量的企业开始崛起，例如，禾丰牧业以预混料为技术核心，大北农集团专注于教槽料、保育料，海大集团集中占领水产料市场。大企业依靠横向兼并重组、纵向产业链延伸以及发展服务营销等策略不断扩大市场占有率。一批大型饲料企业向养殖、屠宰、加工等环节延伸产业链，成为养殖业产业化发展的骨干力量。

这个阶段的主要特征是饲料总产量保持增长，饲料企业数量大幅减少，行业集中度提高。2010年，全国工业饲料总产量1.62亿吨、总产值4 936亿元，分别是2001年的2.18倍和3.12倍，年均增速分别达到8.1%和12.1%。2010年全国有饲料生产企业10 843家，比2005年减少了4 675家；年产50万吨以上的饲料企业或企业集团30家，饲料产量占全国总产量的42%，分别比2005年增加13家和17个百分点。饲料添加剂中除蛋氨酸仍主要依赖进口外，主要饲料级氨基酸不仅满足国内市场需求，而且成为全球重要的氨基酸供应基地，2010年全国饲料添加剂占国际市场份额的50%以上。饲料技术创新能力明显增强，对养殖业技术进步的贡献率达50%以上。

(4) 稳定增长及整合扩张期（2011年至今）

2011年我国饲料产量超越美国跃居世界第一。2013年是饲料行业发展30多年以来首次出现产量同比下降的情况，意味着饲料行业趋于成熟，垄断竞争的行业格局逐步形成。2015年我国饲料产量刚突破2亿吨，2022年就突破3亿吨达到3.022亿吨。这七年间，除了2019年受非洲猪瘟影响饲料产量下降外，其他年份均大幅增加。

瓦特国际传媒（WATT）公布的2022年全球顶尖饲料企业榜单显示，中国以34家依然名列榜首，比2021年增加2家，共有7家企业饲料产量超1 000万吨，新希望、海大和牧原饲料产量均超2 000万吨，这三家也是全球饲料产量最大的企业。这些饲料企业能够对接处于同等量级的国内外粮商巨头与大型渠道，利用规模优势带来较强议价能力。

2023年，全国饲料企业总数14 076家，但是TOP20饲料企业的饲料产量总和约占全国饲料总产量的62%，我国饲料行业已形成了以少数全国性大型企业集团为主导，部分中型企业占据区域性市场，大批小企业为补充的市场格局。

2. 饲料工业的发展现状

（1）配合饲料、浓缩饲料、饲料添加剂预混料及饲料添加剂的概念界定

按满足动物营养需要层面分类，饲料产品可分为全价配合饲料、浓缩饲料、预混料。

全价配合饲料，又称配合饲料，是指根据动物的生长阶段、生理要求、生产用途的营养需要，以饲料营养价值评定的实验和研究为基础，按科学配方把不同来源的饲料，依一定比例均匀混合，并按规定的工艺流程生产以满足各种实际需求的饲料。配合饲料可以全面满足饲喂对象的营养需要，饲料利用率高，可以促进畜禽快速生长发育、预防疾病、缩短饲养周期，降低生产成本，提高效益。用户不必另添加任何营养性饲用物质而

直接饲喂动物，但必须注意选择与饲喂对象相符合的全价配合饲料。

浓缩饲料主要由微量元素、维生素、氨基酸、促生长或防病药物等添加剂和钙、磷及蛋白质饲料所组成，是全价饲料的半成品，不能单一使用。浓缩饲料与一定设计比例的能量饲料（玉米、米糠、麦麸等）相混合配制成全价配合饲料，在全价配合饲料中所占的比例一般为 20%~40%。用浓缩饲料配制全价配合饲料，技术简单，设备要求不高，适用于农户养殖和小型农场。使用浓缩饲料是推广和普及使用全价配合饲料，提高饲料报酬和经济效益的最有效的方法。

饲料添加剂预混料是指将一种或多种微量组分（包括各种微量矿物元素、各种维生素、合成氨基酸、某些药物等添加剂）与稀释剂或载体按要求配比，均匀混合后制成的中间型配合饲料产品，不能直接饲喂。饲料添加剂预混料一般占配合饲料的比例为 0.5%~5%，用量虽少，但对动物生产性能的提高、饲料转化率的改善以及饲料的保存都有很大的作用，且产品技术要求高。

饲料添加剂是指在饲料生产加工、使用过程中添加的少量或微量物质。饲料添加剂是现代饲料工业必然使用的原料，对强化基础饲料营养价值，保证动物健康，节省饲料成本，改善畜产品品质等方面有明显的效果。但是在饲料添加剂使用过程中存在不同程度的滥用现象，前些年发生的"苏丹红鸭蛋""瘦肉精猪肉"等事件是非常深刻的教训。

（2）工业饲料产量持续增加

2000—2023 年，我国工业饲料总产量由 7 412 万吨增加到 32 163 万吨，年均增速 8%，其中，配合饲料产量从 5 911 万吨增加到 29 889 万吨，年均增速 8.9%；浓缩饲料产量从 1 248 万吨增加到 2009 年的 2 686 万吨，后减少到 1 419 万吨；添加剂预混合饲料产量从 253 万吨增加到 709 万吨，年均增速 5.6%。配合饲料产量在工业饲料总产量中的占比由 2005 年最低的 71.6%上升到 92.9%，浓缩饲料产量由 2005 年最高的 23.8%下降到 4.4%，添加剂预混合饲料产量由 2005 年最高的 4.6%下降到 2.2%（图 3-1）。这表明，养殖业规模化程度的提升带动工业饲料总产量也快速增加，配合饲料在饲料中的占比不断提高，主导地位越来越牢固。

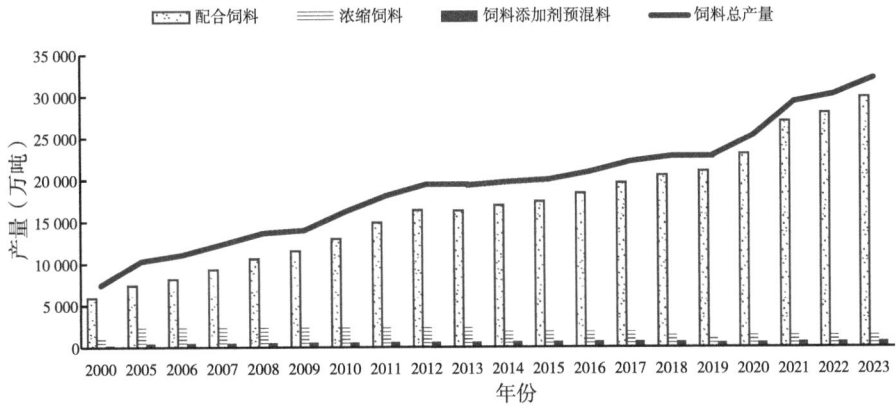

图 3-1　2000—2023 年我国工业饲料产量走势

数据来源：《中国饲料工业年鉴》。

分品种看，2009—2023 年①，猪饲料、蛋禽饲料、肉禽饲料、反刍动物饲料、水产饲料、其他饲料产量分别由 5 242 万吨、2 764 万吨、4 477 万吨、591 万吨、1 646 万吨、274 万吨增加到 14 975 万吨、3 274 万吨、9 511 万吨、1 671 万吨、2 344 万吨、386 万吨，年均增速分别为 7.1%、1.1%、5.1%、7.5%、4%、1.7%。猪饲料、蛋禽饲料、肉禽饲料、反刍动物饲料、水产饲料产量结构比由 35.4∶18.7∶30.2∶4∶9.9 调整为 46.6∶10.2∶30∶5.2∶7.3（图 3-2）。

长期以来，猪饲料一直占据主导地位，一方面是由于生猪养殖规模化程度较高，另一方面是由于生猪养殖需要更多的饲料；其次是肉禽饲料和蛋禽饲料，这与我国居民的膳食结构密切相关。猪饲料和蛋禽饲料、肉禽饲料合计占我国饲料总产量的 85% 以上，基本保持稳定，是工业饲料的主要构成。反刍动物饲料产量年均增速达到 7.5%，主要是由于居民对牛羊肉和奶类消费较快增加带动反刍动物生产规模的扩大。水产饲料产量年均

---

① 2009 年以前，只有配合饲料中有分品种统计数据。

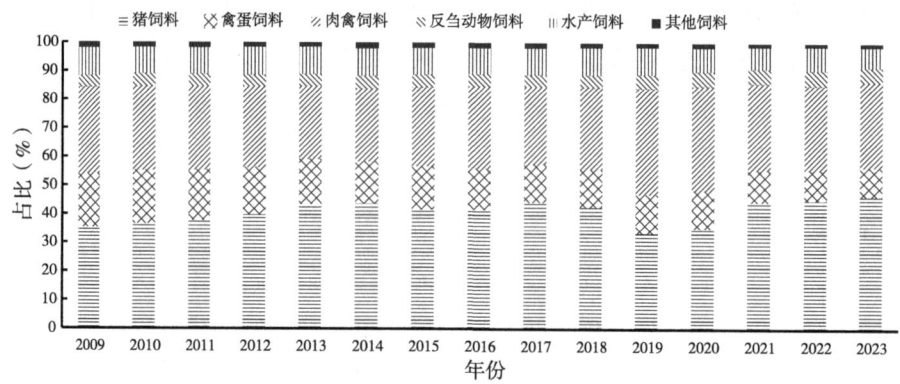

图 3-2 2009—2023 年我国工业饲料分品种产量走势

数据来源：《中国饲料工业年鉴》。

增速也达到 4%，主要是由于水产养殖业持续稳定的发展推动了水产配合饲料进入快速发展期。此外，近年来我国民众宠物保有量持续增加，对宠物饲料①需求不断扩大，2019 年我国首次将宠物饲料单独作为一个饲料品种进行统计，当年产量为 87 万吨，2023 年就增加到 146 万吨。

（3）饲料添加剂产量保持增长趋势

饲料添加剂是实现动物全程营养不可缺少的重要物质，是配合饲料的核心，它与能量饲料、蛋白饲料一起构成配合饲料的三大重要组成部分。饲料添加剂作为饲料工业体系的核心，是衡量饲料工业发展水平的重要标志。

相对于欧美发达国家，我国饲料添加剂工业发展较晚，且初期仅生产一些用量较大的饲用氨基酸、维生素、矿物质微量元素和防霉、抗氧化剂等。我国饲料添加剂的发展可以分为三个阶段，依次经历了进口依赖阶段（1980—2000 年）、模仿学习阶段（2001—2010 年）和自主研发阶段（2011 年以来）。目前我国已基本形成氨基酸、维生素、酶制剂、矿物质微量元素、调味剂、防霉剂等较为完整的现代饲料添加剂生产体系，我国饲

---

① 宠物饲料以维生素、谷类、肉类等为主要原材料。

料添加剂产量大于需求量，部分产品主要用于出口。

2011年全国饲料添加剂总产量达到629万吨，是2002年的118倍，已经实现全部氨基酸类、维生素类饲料添加剂国产化，赖氨酸和维生素类饲料添加剂主导国际市场。自2016年以来我国饲料添加剂产量呈现稳步上升趋势，2020年饲料"禁抗令"全面实施[1]，酶制剂和微生物制剂这些能够一定程度上替代抗生素的绿色环保饲料添加剂深受市场欢迎，当年全国饲料添加剂总产量为1 390.8万吨，比2019年增长16%，其中，酶制剂和微生物制剂产量分别比2019年增长15.1%、22.7%。2021年，全国饲料添加剂总产量为1 477.5万吨，比2020年增长6.2%，其中，酶制剂和微生物制剂产量分别比2020年增长19%、17.4%。2022年，受饲料原料价格上涨和疫情的影响，全国饲料添加剂总产量为1 468.8万吨，比2021年下降0.6%。

新修订的《中华人民共和国农产品质量安全法》自2023年1月1日起开始施行，这是落实食品安全"四个最严"要求的具体体现，对饲料添加剂行业提出了新的要求。随着饲料添加剂向绿色、高效、安全、多功能方向发展，采用现代生物技术研制对动物具有特定生物学活性和功能的新型安全添加剂已成为当前饲料添加剂技术发展的主要趋势，包括一系列以基因工程、蛋白质工程和代谢工程为核心的现代生物技术新产品。我国生产企业要主动适应这一趋势，以微生物制剂、酸化剂、植物（中草药）提取物、酶制剂等品种为重点，大力研发新型添加剂，在提高饲料利用率和养殖效益的同时满足人民健康、安全、环保的需要。

(4) 饲料加工企业规模化程度和产业集中度提高

2018年以来，面对中美贸易摩擦和非洲猪瘟疫情等多重挑战，我国饲料行业正在进行新一轮适应性调整，企业产业链调整重组步伐加快，生产规模化程度进一步提高，行业规模化程度和集中度进一步提升。2019年全

---

[1] 自2020年1月1日起，退出除中药外的所有促生长类药物饲料添加剂品种，兽药生产企业停止生产、进口兽药代理商停止进口相应兽药产品，同时注销相应的兽药产品批准文号和进口兽药注册证书；自2020年7月1日起，饲料生产企业停止生产含有促生长类药物饲料添加剂（中药类除外）的商品饲料。

国工业饲料总产量比 2018 年增长 3.7%，但是猪饲料生产厂数量比 2018 年减少 238 家，其中，10 万吨以上规模饲料生产厂数量比 2018 年减少 35 家，合计饲料产量占比却比 2018 年增长 3.3%。研究表明，大型饲料加工企业在采购成本控制、质量控制、品牌体系建设等方面体现出更为明显的优势，小型饲料加工企业分散式、区域化的经营模式受到较为严重的冲击，未来过半的中小型饲料加工企业将不复存在。

2019—2023 年，年产量超过 10 万吨的饲料加工企业数量由 621 家增加到 1 050 家，合计饲料产量在全国饲料总产量中的占比由 46.6% 提高到 61.1%；年产量超过 100 万吨的饲料加工企业数量由 31 家增加到 2021 年的 39 家，之后呈下降趋势，2023 年为 33 家，合计饲料产量在全国饲料总产量中的占比由 50.5% 提高到 2021 年的 59.7%，之后也呈下降趋势，2023 年为 56.1%。同期，年产量超过 50 万吨的饲料加工企业数量由 7 家增加到 2021 年的 14 家，2023 年为 11 家，年产量超过 1 000 万吨的饲料加工企业数量由 3 家增加到 7 家（表 3-1）。

表 3-1　2019—2023 年我国饲料加工企业生产规模化程度和产业集中度变化

年份	年产量超过 10 万吨的饲料加工企业		年产量超过 50 万吨的饲料加工企业		年产量超过 100 万吨的饲料加工企业		年产量超过 1 000 万吨的饲料加工企业
	数量（家）	在全国饲料总产量中的占比（%）	数量（家）	单厂最大产量（万吨）	数量（家）	在全国饲料总产量中的占比（%）	数量（家）
2019	621	46.6	7	110.7	31	50.5	3
2020	749	52.8	9	122.6	33	54.6	3
2021	957	60.3	14	125.1	39	59.7	6
2022	947	57.5	13	127.6	36	57.5	6
2023	1 050	61.1	11	131	33	56.1	7

资料来源：《2019—2023 年全国饲料工业发展概况》。

饲料加工企业规模化程度和产业集中度提高，一方面在面临未来更加激烈的市场竞争及各类风险时，能优先掌握主动权。同时，下游养殖规模化程度不断提高对饲料企业产品的质量和服务提出了更高要求，大型饲料加工企业通过打造饲料原料、饲料加工、疫苗、养殖、屠宰以及食品等全产业链，极大增强了竞争力和抗风险能力；另一方面"强者愈强"的发展趋势，也使得中小规模饲料加工企业面临更大的竞争压力。

（5）散装饲料市场份额不断增加

饲料散装散运是降成本的重要抓手。2016年，我国畜牧业消耗配合饲料超过1.8亿吨，散装散运饲料仅占10%，远低于发达国家70%的水平。推进饲料产品散装出厂、自动装卸、封闭储运、自动饲喂，既节约包装标签等耗材，又减少饲料生产、运输和使用环节用工。与袋装饲料相比，养殖场每使用1吨散装饲料，可带来综合效益约100元，相当于降低饲料成本3%。

饲料散装散运是保障安全的有力措施。我国袋装配合饲料从出厂到使用平均时间约15天，期间营养物质损耗流失逐渐增多。因储存条件和方法不当导致的鼠虫侵害、过期变质、交叉污染等问题也时有发生。散装饲料普遍采用定制方式生产，从生产到使用仅需3~5天，全程使用专用储存运输设备，可最大限度保证饲料新鲜度，还能有效防范质量安全风险，对提高饲喂效率和保障畜产品质量安全具有重要作用。

2017年12月21日印发施行的《农业部办公厅关于加快推进饲料散装散运工作的意见》提出，加快培育社会化服务体系，提高装备研发技术水平，提升饲料散装散运能力，力争到"十三五"末，畜禽配合饲料散装散运比例达到30%以上。2020年，散装饲料总量5 897.6万吨，比2019年增长33.6%，占全国配合饲料总产量的25.6%，比2019年提高4.6个百分点。2021年，散装饲料总量9 028.7万吨，比2020年增长53.1%，占全国配合饲料总产量的33.4%，提高7.8个百分点，成为主流销售方式。2022年，散装饲料总量10 703.1万吨，比2021年增长18.5%，占全国配合饲料总产量的38.2%，提高4.8个百分点。2023年，散装饲料总量13 050.2万吨，比2022年增长21.9%，占全国配合饲料总产量的43.7%，提高5.4个百分点。

二、饲料与饲料原料的价格联动

1. 饲料分类

中华人民共和国国家标准《饲料工业通用术语》对饲料的定义：能提供饲养动物所需养分、保证健康、促进生长和生产且在合理使用下不发生有害作用的可食物质。饲料分类有两个标准：国际饲料分类法（International Feed Classification，IFC）和中国饲料分类法（Chinese Feed Classification，CFC）。

目前世界各国饲料分类方法尚未完全统一。美国学者 L. E. Harris（1956）按照动物营养需要的几个主要方面与饲料的主要营养特性将饲料分成八大类，并对每类饲料冠以相应的国际饲料编码（International Feeds Number，IFN），应用计算机技术建立起国际饲料数据管理系统，这一分类系统在全世界已有近 30 个国家采用或赞同，也被称为国际饲料分类法（表3-2）。

表 3-2 国际饲料分类

饲料类别	饲料类名	划分饲料类别的依据
1-00-000	粗饲料	饲料干物质中粗纤维含量大于或等于18%，以风干形式饲喂的一类饲料。常见的有干草和农作物秸秆等
2-00-000	青绿饲料	天然植物中水分含量大于60%的一类饲料，饲喂方式为鲜喂或放牧。包括青绿多汁饲料、叶类饲料、非淀粉块根块茎、瓜果等
3-00-000	青贮饲料	以新鲜植物为原料，在厌氧的条件下，经微生物发酵制成的饲料
4-00-000	能量饲料	饲料干物质中粗纤维含量小于18%、粗蛋白质含量小于20%的一类饲料。主要是谷物、糠麸、淀粉质的块根块茎等
5-00-000	蛋白质饲料	饲料干物质中粗纤维含量小于18%、粗蛋白质含量大于或等于20%的一类饲料。主要是豆类及其饼粕、动物性饲料及其他
6-00-000	矿物质饲料	天然或化工合成的矿物盐及经处理的动物产品。如石粉、骨粉、贝壳粉、磷酸轻钙、食盐、小苏打、沸石粉、饲用微量元素等

(续表)

饲料类别	饲料类名	划分饲料类别的依据
7-00-000	维生素饲料	工业合成或提纯的单一或复合的维生素制剂,不包括富含维生素的天然青绿饲料在内
8-00-000	饲料添加剂	用于强化饲料饲养效果、有利于配合饲料生产和贮存而加入饲料中的少量或微量或非营养性物质

资料来源:中国百科网。

张子仪院士等(1987)建立了我国饲料数据库管理系统及饲料分类方法。首先在国际饲料分类法基础上将饲料分成八大类,然后结合中国传统饲料分类习惯划分为16个亚类,对每类饲料冠以相应的中国饲料编码(Chinese Feeds Number, CFN)(表3-3)。

表3-3 中国现行饲料分类

饲料类名	划分饲料类别的依据
青绿饲料	凡天然水分含量大于等于45%的新鲜牧草、草原牧草、野菜、鲜嫩的藤蔓、秸秧类和部分未完全成熟的谷物植株等皆属此类
树叶类饲料	有2种类型:一是刚采摘下来的树叶,饲用时的天然水分含量尚能保持在45%以上,这种形式多是一次性的,数量不大。二是风干后的乔木、灌木、亚灌木的树叶等,干物质中粗纤维含量大于或等于18%的树叶类,如槐叶、银合欢叶、松针叶等
青贮饲料	有3种类型:一是由新鲜的天然植物性饲料调制成的青贮饲料,或在新鲜的植物性饲料中加有各种辅料(如小麦麸、尿素、糖蜜)或防腐剂、防霉剂调制成的青贮饲料,一般含水量在65%~75%。二是低水分青贮饲料,亦称半干青贮饲料,用天然水分含量为45%~55%的半干青绿植株调制成的青贮饲料。三是随着钢筒青贮或密封青贮窖的普及,从20世纪50年代以后,欧美各国盛行的谷物湿贮。目前常见的是以新鲜玉米、麦类籽实为主要原料的各种类型的谷物湿贮,其水分在28%~35%
块根、块茎、瓜果类饲料	天然水分含量大于或等于45%的块根、块茎、瓜果类皆属于此类。如胡萝卜、芜菁、饲用甜菜、落果、瓜皮等。这类饲料脱水后的干物质中粗纤维和粗蛋白质含量都较低
干草类饲料	干草类:人工栽培或野生牧草的脱水或风干物,饲料的水分含量在15%以下(霉菌繁殖水分临界点)。水分含量在15%~25%的干草压块亦属此类
农副产品类饲料	农作物收获后的副产品多属此类

(续表)

饲料类名	划分饲料类别的依据
谷实类饲料	谷实类饲料干物质中粗纤维含量低于18%，同时粗蛋白质含量低于20%者，按国际饲料分类法属能量饲料，如玉米、玉米油等
糠麸类饲料	在糠麸类饲料干物质中粗纤维含量小于18%，粗蛋白质含量小于20%的各种粮食加工副产品，如小麦麸、米糠、米糠油、玉米皮等。按国际饲料分类法多属能量饲料。但有些粮食加工后的低档副产品或在米糠中人为掺有没有实际营养价值的稻壳粉的"统糠"，其干物质中的粗纤维含量多数大于18%，按国际饲料分类法属于粗饲料，又如用杵臼加工稻谷后生成的稻壳、米糠和碎米的混合物也属于粗饲料
豆类饲料	豆类籽实干物质中粗蛋白质含量在20%以上，粗纤维含量在18%以下，如大豆、黑豆等均属于豆类饲料中的蛋白质饲料。但也有个别的豆类籽实的干物质中粗蛋白质含量在20%以下的，如广东的鸡子豆和江苏的爬豆不属于豆类中的蛋白质饲料，而应属于豆类中的能量饲料
饼粕类饲料	大部分饼粕类均属蛋白质饲料，但干物质中的粗纤维含量大于或等于18%的饼粕类，即使其干物质中粗蛋白质含量大于或等于20%，按国际饲料分类法仍属于粗饲料，如有些含壳量多的向日葵籽饼及棉籽饼等皆属此类。还有一些低蛋白质、低纤维的饼粕类饲料，如米糠饼、玉米胚芽饼等虽然属于饼粕类饲料，但在其干物质中粗蛋白质含量低于20%则属于能量饲料
糟渣类饲料	在糟渣类饲料中，干物质中粗纤维含量大于或等于18%者应归入粗饲料；干物质中粗蛋白质含量低于20%，而粗纤维含量也低于18%者，则属于糟渣类中的能量饲料，如优质粉渣、醋渣、酒渣皆属此类。干物质中粗蛋白质含量大于或等于20%，而粗纤维含量小于18%者，则属于糟渣类饲料中的蛋白质补充；如含蛋白质较多的啤酒糟、饴糖渣、豆腐渣等皆属此类
草籽、树实类饲料	凡干物质中粗纤维含量在18%以上者属粗饲料，如灰菜籽、带壳橡籽等；干物质中粗纤维含量在18%以下，而粗蛋白质含量小于20%者，均属能量饲料，如稗草子、干沙枣等，但也有干物质中粗纤维含量在18%以下而粗蛋白质含量大于或等于20%者属蛋白质饲料，罕见
动物性饲料	来源于渔业、养殖业的动物性饲料及其加工副产品。按国际饲料分类原则，在动物性饲料中凡干物质中粗蛋白质含量大于或等于20%者，均属动物性饲料，如鱼、虾、肉、皮、毛、血、蚕蛹等。凡干物质中粗蛋白质含量低于20%的动物性饲料均属能量饲料；如牛脂、猪油等。干物质中粗蛋白质含量低于20%，而以补充钙、磷等矿物质为目的者，属动物性矿物质饲料，如骨粉、蛋壳粉、贝壳粉等
矿物质饲料	可供饲用的天然矿物质皆属此类，如石灰石粉，化工合成的无机化合物如硫酸铜、硫酸铁以及金属离子与有机配位体的络合物，如蛋氨酸锌等。此外，来源于单一动物性饲料的矿物质饲料也属此类，如骨粉、贝壳粉等
维生素饲料	专指由工业提纯或合成的饲用维生素制剂，如胡萝卜素、硫胺素、核黄素、烟酸、泛酸、胆碱、叶酸、维生素A、维生素D等的单体（不包括富含维生素的天然青绿多汁饲料）

(续表)

饲料类名	划分饲料类别的依据
饲料添加剂	为了补充营养物质,提高饲料利用率,保证或改善饲料品质,防止饲料质量下降,促进生长繁殖、动物生产,保障动物的健康而掺入饲料中的少量或微量营养性及非营养性物质,如防腐剂、促生长剂、抗氧化剂、饲料黏合剂、驱虫保健剂、流散剂及载体等。目前在中国饲料工业中常将用于补充氨基酸为目的的工业合成赖氨酸、蛋氨酸、色氨酸等归入这一类

资料来源:张子仪(1994)。

根据2021年8月修订的《饲料原料目录》,饲料原料是指来源于动物、植物、微生物或者矿物质,用于加工制作饲料但不属于饲料添加剂的饲用物质(含载体和稀释剂)。通俗地说,就是表3-3中提到的所有动物、植物、矿物质、微生物和饲料添加剂。随着科学技术快速发展和行业内竞争加剧,饲料原料的范围在不断扩大,2022年11月,农业农村部批准鞣酸蛋白等5个新饲料添加剂品种,扩大L-硒代蛋氨酸等4个饲料添加剂品种的适用范围,增补奇亚籽进入《饲料原料目录》。2023年,农业农村部全年核发马克斯克鲁维酵母等5个饲料添加剂新产品证书和荚膜甲基球菌蛋白饲料新产品证书,增补9个饲料原料进入《饲料原料目录》,增补5个饲料添加剂品种进入《饲料添加剂品种目录》,扩大1个饲料原料和2个饲料添加剂品种的适用范围。

2. 主要饲养品种饲料成本情况

分品种看,蛋鸡、肉鸡的饲料费用合计[①]在其总成本中的占比较高,分别为71.8%、72.8%;其次是奶牛、生猪,占比分别为65%、56.3%;肉牛、肉羊占比较低,分别为29.1%、21.6%。由于蛋鸡、肉鸡、生猪的精饲料[②]费在其饲料费用合计中的占比分别高达99%、99.9%、98.6%,所

[①] 饲料费用合计=精饲料费+青粗饲料费+饲料加工费。
[②] 精饲料主要包括农作物的籽实(谷物、豆类及油料作物的籽实)及其加工的副产品,可分为高能量精料,如禾谷类籽实及加工副产品,以及高蛋白质精料,如动物性饲料、豆科籽实及其粮油加工副产品。

以精饲料费在其总成本中的占比与饲料费用合计在其总成本中的占比接近，分别为72%、71.7%、55.5%。奶牛、肉牛、肉羊的精饲料费在其饲料费用合计中的占比分别为70.8%、81.2%、76.2%，精饲料费在其总成本中的占比分别为46%、23.6%、16.5%。精饲料费和所需的精饲料数量密切相关，而精饲料数量又和耗粮数量①密切相关。

分规模看，规模养殖每头生猪的总成本比散养少192元，但是精饲料费、精饲料数量、耗粮数量分别比散养多126元、16公斤、23公斤。规模养殖每头奶牛的总成本、精饲料费、精饲料数量、耗粮数量分别比散养多9 752元、3 394元、747公斤、497公斤。表明生猪、奶牛养殖规模化程度越高，耗粮越多。进一步细分，生猪规模养殖中，大规模养殖每头生猪的总成本、精饲料费、精饲料数量、耗粮数量都最低，比中规模养殖分别低84元、77元、20公斤、14公斤，比小规模养殖分别低122元、71元、19公斤、16公斤，其中，中规模和小规模耗粮数量基本一样；肉鸡规模养殖中，大规模养殖每百只肉鸡的总成本、精饲料费、精饲料数量、耗粮数量都最低，比中规模养殖分别低505元、424元、99公斤、106公斤，比小规模养殖分别低431元、348元、37公斤、21公斤；蛋鸡、奶牛规模养殖中，情况却相反，大规模养殖每百只蛋鸡的总成本、精饲料费分别比中规模低348元、150元，但是精饲料数量、耗粮数量分别比中规模多9公斤、12公斤，大规模养殖每百只蛋鸡的总成本、精饲料费、精饲料数量、耗粮数量分别比小规模多756元、1 030元、107公斤、131公斤；大规模养殖每头奶牛的总成本、精饲料费、精饲料数量、耗粮数量都最高，分别比中规模高7 986元、2 527元、609公斤、506公斤，比小规模分别高13 255元、4 076元、952公斤、747公斤（表3-4）。

---

① 耗粮数量指耗用的各种精饲料折成粮食（贸易粮）的数量，精饲料折粮方法是，大米、小麦、玉米按实际耗粮数量计算，稻谷、面粉、米糠、豆粕、甘薯等按统一规定的折粮率计算，混合饲料、配合饲料按含粮比例计算，非粮食类精饲料或含粮比例极小的精饲料，其数量不计入耗粮数量。

表3-4 2023年全国饲养业饲料成本情况

项目	总成本（元）	其中：饲料费用（元）				精饲料数量（公斤）	耗粮数量（公斤）	平均饲养天数（天）
		饲料费用合计	精饲料费	青粗饲料费	饲料加工费			
生猪（头）	2 280	1 283	1 265	13.74	3.90	347	257	166
散养生猪	2 375	1 232	1 202	24.00	5.92	339	246	170
规模生猪	2 183	1 333	1 328	3.48	1.87	355	269	162
小规模生猪	2 237	1 360	1 350	6.85	2.91	361	275	170
中规模生猪	2 199	1 361	1 356	2.97	1.91	362	273	164
大规模生猪	2 115	1 280	1 279	0.61	0.78	342	259	152
规模肉鸡（百只）	3 607	2 625	2 598	22.40	4.44	626	452	75
小规模肉鸡	3 726	2 716	2 716	—	—	608	431	62
中规模肉鸡	3 800	2 792	2 722	60.95	8.76	670	516	93
大规模肉鸡	3 295	2 368	2 357	6.25	4.56	571	410	71
规模蛋鸡（百只）	19 417	13 937	13 924	3.85	9.05	4 177	3 053	365
小规模蛋鸡	18 798	13 191	13 187	—	4.01	4 109	2 970	365
中规模蛋鸡	19 902	14 389	14 367	7.50	14.89	4 207	3 089	362
大规模蛋鸡	19 554	14 229	14 217	4.05	8.24	4 216	3 101	370
奶牛（头）	23 365	15 180	10 742	4 395.16	42.63	3 027	2 214	365
散养奶牛	18 489	11 372	9 045	2 281.54	45.35	2 653	1 966	365
规模奶牛	28 241	18 988	12 439	6 508.78	39.90	3 400	2 463	365
小规模奶牛	22 066	14 263	10 564	3 664.99	34.04	2 968	2 134	365
中规模奶牛	27 335	18 970	12 113	6 810.11	47.46	3 311	2 375	365
大规模奶牛	35 321	23 729	14 640	9 051.23	38.21	3 920	2 881	365
散养肉牛（头）	12 328	3 589	2 914	660.24	15.19	846	631	249
散养肉羊（头）	1 378	298	227	66.25	4.73	71	52	183

资料来源：《全国农产品成本收益资料汇编2024》。

综上，生猪、肉鸡、蛋鸡的精饲料费在其饲料费用合计中的占比接近100%，相对于奶牛、肉牛、肉羊是耗粮型畜禽。规模养殖每头生猪、奶牛的耗粮数量都比散养多。大规模养殖每头生猪、每百只肉鸡的总成本、精饲料费、精饲料数量、耗粮数量都比中小规模养殖低，而大规模养殖每百只蛋鸡、每头奶牛的精饲料数量、耗粮数量却比中小规模养殖高。

3. 主要饲料品种与玉米、豆粕的价格联动

玉米和豆粕的营养组成、适口性等各个方面都有优势。动物需要蛋白质实质上是需要氨基酸，豆粕含有的各种氨基酸种类较多，而且比较平衡，配方比较简单，玉米是非常好的能量饲料，玉米和豆粕占饲料原料的大头。影响饲料价格的因素很多，作为生产成本主要组成的饲料成本是一个重要因素，而作为饲料成本主要组成的玉米、豆粕价格上涨或下跌对饲料价格有一定的影响。

自2020年起，玉米、豆粕价格开始上涨，目前仍处于高位。根据前面的分析，目前我国配合饲料产量在工业饲料总产量中的占比近93%，猪饲料产量约占工业饲料总产量的47%，肉禽饲料和蛋禽饲料产量合计约占工业饲料总产量的40%。因此，以育肥猪配合饲料、肉鸡配合饲料、蛋鸡配合饲料三类为例简单分析其与玉米、豆粕的价格联动关系。

2020年，全国玉米平均价格由年初的2.09元/公斤一路上涨到年底的2.65元/公斤，涨幅26.8%；全国豆粕平均价格由年初的3.26元/公斤波动上涨到年底的3.49元/公斤，涨幅7.1%，同期，育肥猪配合饲料、肉鸡配合饲料、蛋鸡配合饲料价格分别由3.07元/公斤、3.18元/公斤、2.9元/公斤上涨到3.41元/公斤、3.44元/公斤、3.15元/公斤，涨幅分别为11.1%、8.2%、8.6%，均显著低于玉米涨幅但高于豆粕涨幅（图3-3和图3-4）。

2021年，全国玉米平均价格由年初的2.69元/公斤波动上涨到年底的2.89元/公斤，涨幅7.4%；全国豆粕平均价格由年初的3.56元/公斤波动

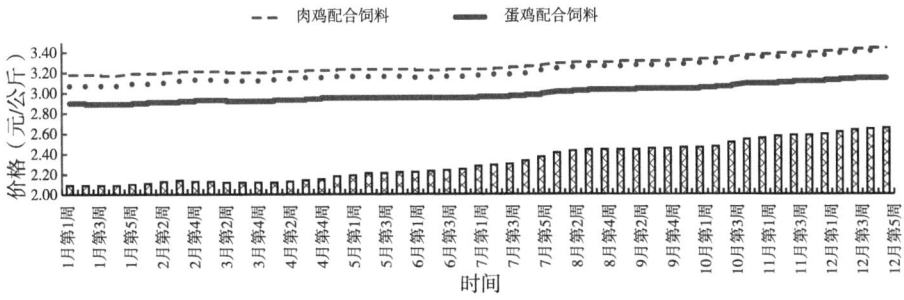

图 3-3 2020 年我国主要饲料品种与玉米的价格联动

数据来源：农业农村部，http://zdscxx.moa.gov.cn:8080/nyb/pc/messageList.jsp。

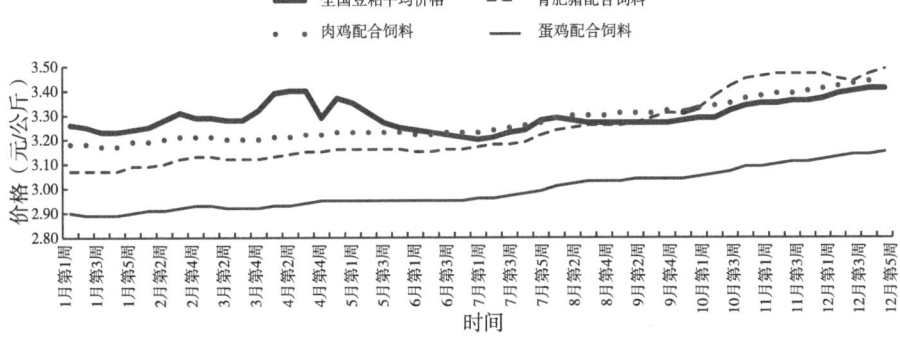

图 3-4 2020 年我国主要饲料品种与豆粕的价格联动

数据来源：农业农村部，http://zdscxx.moa.gov.cn:8080/nyb/pc/messageList.jsp。

上涨到年底的 3.78 元/公斤，涨幅 6.2%，同期，育肥猪配合饲料、肉鸡配合饲料、蛋鸡配合饲料价格分别由 3.43 元/公斤、3.45 元/公斤、3.17 元/公斤上涨到 3.64 元/公斤、3.69 元/公斤、3.41 元/公斤，涨幅分别为 6.1%、7%、7.6%，较接近玉米、豆粕涨幅（图 3-5 和图 3-6）。

2022 年，全国玉米平均价格由年初的 2.88 元/公斤波动上涨到年底的 3.05 元/公斤，涨幅 5.9%；全国豆粕平均价格由年初的 3.8 元/公斤波动上涨到年底的 5.07 元/公斤，涨幅 33.4%，同期，育肥猪配合饲料、肉鸡配合饲料、蛋鸡配合饲料价格分别由 3.66 元/公斤、3.66 元/公斤、

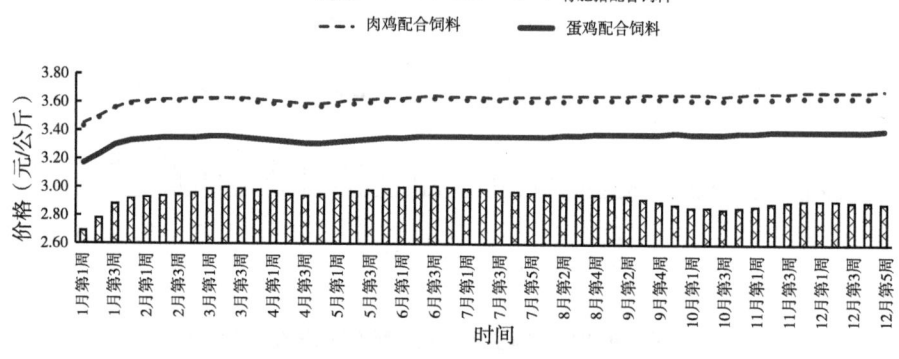

图 3-5　2021 年我国主要饲料品种与玉米的价格联动

数据来源：农业农村部，http：//zdscxx.moa.gov.cn：8080/nyb/pc/messageList.jsp。

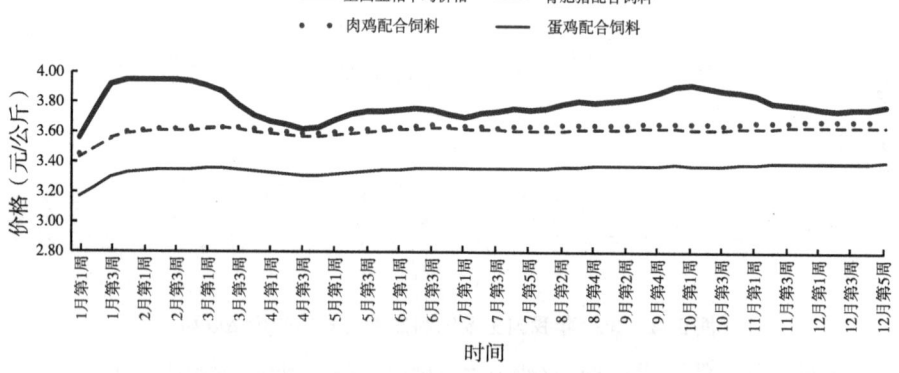

图 3-6　2021 年我国主要饲料品种与豆粕的价格联动

数据来源：农业农村部，http：//zdscxx.moa.gov.cn：8080/nyb/pc/messageList.jsp。

3.4 元/公斤上涨到 4.06 元/公斤、4.09 元/公斤、3.79 元/公斤，涨幅分别为 10.9%、11.8%、11.5%，均显著低于豆粕涨幅但高于玉米涨幅（图 3-7 和图 3-8）。

2023 年，全国玉米平均价格整体呈波动下降趋势，由年初的 3.05 元/公斤下降到年底的 2.79 元/公斤，降幅 8.5%；全国豆粕平均价格明显下降，由年初的 5.07 元/公斤下降到年底的 4.28 元/公斤，降幅 15.6%，

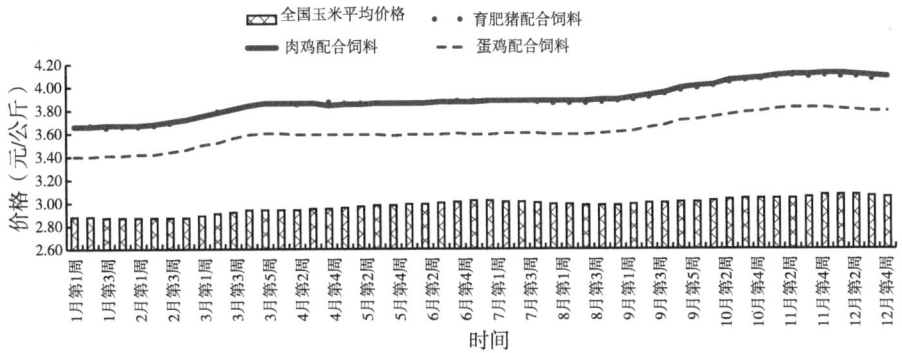

图 3-7　2022 年我国主要饲料品种与玉米的价格联动

数据来源：农业农村部，http://zdscxx.moa.gov.cn:8080/nyb/pc/messageList.jsp。

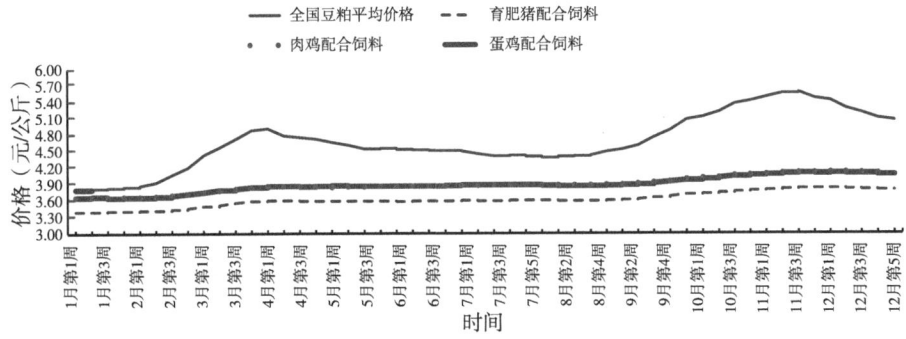

图 3-8　2022 年我国主要饲料品种与豆粕的价格联动

数据来源：农业农村部，http://zdscxx.moa.gov.cn:8080/nyb/pc/messageList.jsp。

同期，育肥猪配合饲料、肉鸡配合饲料、蛋鸡配合饲料价格分别由 4.06 元/公斤、4.09 元/公斤、3.79 元/公斤下降到 3.78 元/公斤、3.9 元/公斤、3.6 元/公斤，降幅分别为 6.9%、4.7%、5%，显著低于玉米、豆粕降幅（图 3-9 和图 3-10）。

综上，2020—2023 年这四年中，育肥猪配合饲料、肉鸡配合饲料、蛋鸡配合饲料价格与玉米、豆粕价格波动趋势虽不完全相同，但总的趋势基本一致，印证了玉米、豆粕价格波动是影响主要饲料品种价格波动的重要因素。

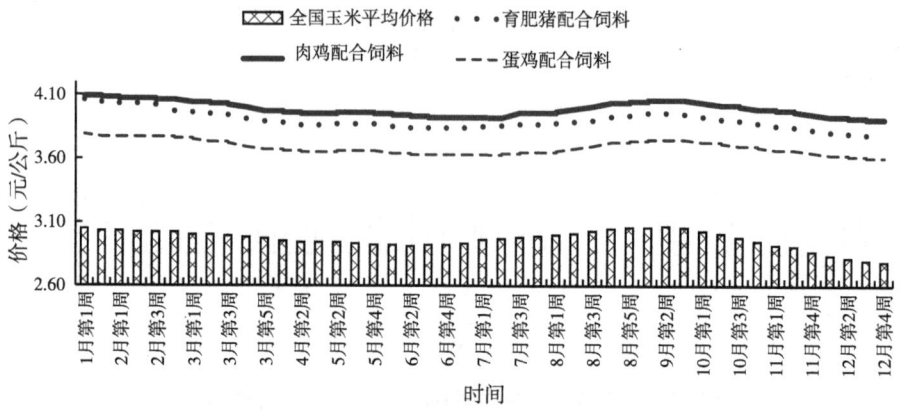

图 3-9 2023 年我国主要饲料品种与玉米的价格联动

数据来源：农业农村部，http：//zdscxx.moa.gov.cn：8080/nyb/pc/messageList.jsp。

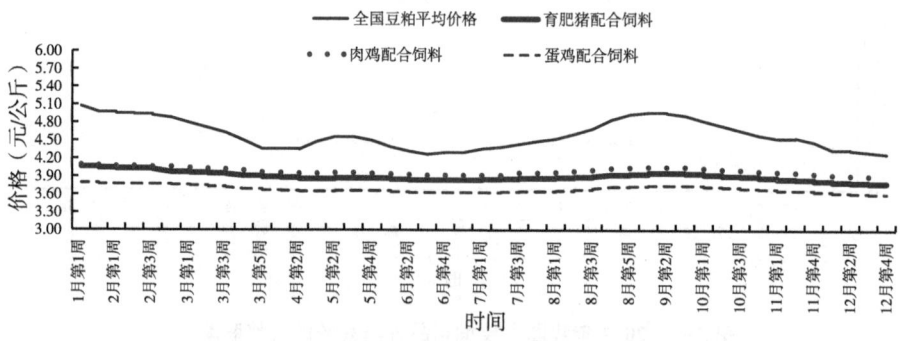

图 3-10 2023 年我国主要饲料品种与豆粕的价格联动

数据来源：农业农村部，http：//zdscxx.moa.gov.cn：8080/nyb/pc/messageList.jsp。

三、饲料工业的发展前景

饲料工业上游关系着玉米、豆粕、大豆等多种粮食生产和贸易，下游关系着肉蛋奶等畜禽产品养殖成本（图3-11）。同样，饲料工业的发展也受上下游产业发展形势的影响和制约。

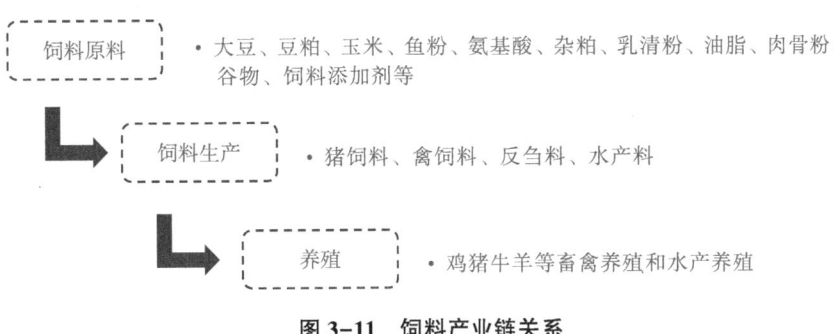

图 3-11 饲料产业链关系

1. 下游产业发展形势对饲料工业发展的影响

畜禽养殖和水产养殖的发展空间最终由终端消费者的需求决定。第二章研究结论之一是，尽管我国肉蛋奶和水产品等动物性产品生产总产量、人均占有量都大幅增加，我国人均动物蛋白需求已处于世界较高水平，高于世界平均水平和亚洲平均水平。但是随着我国经济持续健康增长、城乡居民收入和城市化进程提高，城乡居民消费结构进入加速升级阶段，肉蛋奶和水产品等动物蛋白摄入量还会增加，目前只有禽蛋的人均消费量接近峰值，肉类、水产品的人均消费量预计将在 2035 年达到峰值，而奶类的人均消费量、消费需求总量峰值年份较远，将促使畜牧业和渔业生产的发展。同时，我国畜禽养殖和水产养殖步入由传统养殖向现代养殖的重要时期，畜牧业规模化养殖快速发展，水产养殖量持续增长，这种发展趋势将带动工业饲料和饲料粮需求增长。

畜禽养殖和水产养殖的发展趋势是规模化、专业化，对饲料的产品安全、性能和效率等都提出较高的要求，对饲料企业的服务要求也越来越高，同时，我国居民对食品安全、原料可追溯等也有迫切的需要，行业内现有大部分小企业并不能满足下游养殖发展和居民消费的需求，饲料行业已经进入集中度加速提升阶段，逐步淘汰小企业是饲料行业的发展趋势。近年来，随着国际贸易争端、气象灾害等因素导致的上游原材料上涨以及下游养殖业需求的波动，部分企业选择向产业链上下游布局。产业链上下游整合有助于企业脱离单一业务的限制，在企业内部上下游业务间实现协同效益，有利于增强企业的成本控制能力、扩大整体业务规模、增强企业综合竞争力。例如，领跑行业的新希望集团和温氏集团，基本形成了从"饲料—养殖—屠宰加工—熟食肉制品"的产业链模式，海大集团近几年在水产苗种、药品这两个板块斩获颇丰。产业化整合成为饲料行业发展主要趋势。

2. 上游产业发展形势对饲料工业发展的影响

近年来，玉米、豆粕等主要饲料原料价格持续突破高点，在成本推动下，饲料企业已多次上调饲料价格，仅 2022 年 1—5 月，国内就经历了 5 次饲料涨价潮，9—10 月，饲料价格更是 7 周连续上涨 9 次。玉米、豆粕是形成饲料的主要原料，是最成熟也是最简单的饲料制成方式，在猪价、粮价均正常的时期，这种制作方式是极具性价比的，但是目前这种配料模式已经和高性价比渐行渐远。原料涨价对于中小企业具有较大影响，而大型饲料企业在原料采购上具有更好的成本控制优势，饲料涨价虽然可以覆盖成本的提升，但利润空间难有提升。涨价不是万能的"法宝"，大型饲料企业也在通过"变"来求效益。

为应对饲料原料价格上涨，新希望集团一方面成立了专门的供应链管理部门，从全球调配原料资源，努力寻找更经济实惠的原料；另一方面持续对小麦、高粱、糙米等低价替代原料日粮配方进行迭代、推广，在满足动物营养的前提下，推出非玉米型混合日粮、全小麦日粮、全糙米型日粮等配方品系，在原料价格波动时可以快速灵活调整配方，保持成本竞争力；更重要的是做好养殖过程中的饲喂管理，减少不必要的饲料浪费。牧原股份一方面充分应用饲料原料，在现有"玉米+豆粕"型、"小麦+豆粕"型配方技术的基础上，积极研发大麦、高粱、原料副产品等应用技术，实现对原料的充分应用；另一方面根据粮食市场行情变化趋势及时调整饲料配方，实现一日一配方、精准供给营养；还通过灵活调整采购策略来降低采购价格。海大集团通过建立 127 种原料完善的各种营养价值数据库，应用多种理念平衡不同营养指标，创新多种工艺和技术，减少原料中的抗营养因子和毒素等，充分利用非常规原料，降低豆粕使用量。

四、本章小结

从 2020—2023 年这四年的周价格数据看，主要饲料品种中，育肥猪配合饲料、肉鸡配合饲料、蛋鸡配合饲料价格与玉米、豆粕价格波动总趋势基本一致，表明玉米、豆粕价格与饲料价格存在显著的正相关关系，也意味着其成本端的稳定性直接受制于市场价格的波动。

生猪、肉鸡、蛋鸡是耗粮型畜禽，目前我国猪饲料、肉禽和蛋禽饲料产量合计约占工业饲料总产量的 85%。规模养殖每头生猪、奶牛的耗粮数量都比散养多。规模养殖中，生猪、肉鸡大规模养殖耗粮最低，而蛋鸡、奶牛则是小规模养殖耗粮最低。鉴于目前我国畜禽养殖规模仍然偏小及猪饲料、肉禽和蛋禽饲料占绝对主导地位的现状，预计规模化养殖的发展将带动对工业饲料及饲料粮的需求增加。

大型饲料企业凭借其雄厚的资金实力、先进的管理模式和完善的防疫体系，纷纷展开产业链的延伸，中小企业则面临着资金、人才、技术和服务能力等多方面的发展瓶颈。因此，未来饲料行业的竞争格局将进一步加剧，中小企业或将逐步被整合并购，或选择退出市场。这将有利于豆粕减量替代等新产品、新技术、新工艺的集成创新和推广应用。

第四章 饲料粮供需现状与发展趋势

近年来,在全球粮食市场不确定性增加背景下,我国粮食进口量屡创新高引起社会各界对我国粮食安全问题的广泛关注和担忧,其中,饲料粮的进口规模与结构、短期及中长期供需形势及进口口粮饲用等问题备受关注,需要对这些问题进行分析,以正确看待粮食进口量屡创新高对我国粮食安全的影响。

一、饲料粮进口规模与结构变化

1. 饲料粮概念界定

粮食安全从古至今都是我国涉及国计民生的全局性问题。然而,由于我国在不同时期对粮食采用了不同的统计口径,所以粮食安全概念中的作物范畴始终处于模糊状态。1950 年,粮食统计口径包括小麦、稻谷、大豆、小米、玉米、高粱和杂粮,后又将薯类通过折算纳入粮食统计范畴。1993 年,为了便于国际比较,国家统计局将粮食统计口径调整为谷物、豆类、薯类[①]。我国粮食供需结构实现了由短缺向"供求基本平衡、丰年有余"的历史性转变。1996 年,联合国粮食及农业组织召开世界首脑粮食峰会前夕,我国发布第一部粮食白皮书,提出我国的粮食自给率要保持在 95%以上。此后随着人们膳食结构改善和蛋白饲料的需求增长,大豆进口

---

① 2010 年,国家统计局制定的《统计用产品分类目录》只列了谷物、豆类和薯类,实际统计工作中仍旧把这 3 项合计为粮食,直至《中国统计年鉴 2018》都是给出粮食总产量统计。

量逐年递增,特别是2004年我国从农产品净出口国转为净进口国,必须根据新的情况有取有舍。党的十八大以后,中央重新定义了粮食安全的内涵,进一步明确了保障国家粮食安全的优先序,指出粮食安全的核心是口粮安全,在粮食中要重点保谷物基本自给,在谷物中要确保口粮绝对安全;明确了粮食安全的根基是能力安全,这包括"三个能力",即:国内可持续的综合生产能力、必要的储备能力,以及对国际资源的掌控能力,要求把确保国家粮食安全的着眼点放到能力建设上来。国家统计局将谷物统计口径明确为主要包括稻谷、小麦、玉米、大麦、高粱、荞麦和燕麦等。至此,我国粮食安全的定义从宽泛意义上的粮食安全转变为较为明晰的口粮安全。

我国粮食进口大幅增加引起的担忧,一定程度上是由于混淆了饲料粮和口粮的概念,主要集中在对玉米属性的讨论上(黄季焜,2021)。无论从种植面积还是产量上来看,目前玉米都是我国第一大粮食作物,其发展方向会对我国粮食发展战略和相关支持政策的制定产生关键影响。由于玉米高产易种的特性,在人口增长时期被作为重要的救济粮得到大力推广,但是大面积的山地开垦和玉米种植也引发了水土流失等一系列问题。直到20世纪70年代,我国玉米产量在粮食总产量中的占比尚不足11%,此时玉米以度荒粮的形式存在,主要以口粮消费为主。20世纪80年代后,经济发展带来了居民食物消费结构的改变并推动国内畜牧业不断发展,以玉米和豆粕为主的饲料工业体系基本已经形成,国内对于饲料粮的需求直接表现为对玉米的需求。虽然玉米与小麦和水稻具有完全不同的消费结构和生产用途,但却得到了与小麦和水稻近乎一样的政策性保护,导致玉米播种面积和产量不断增加,国内玉米产量在我国粮食总产量中的占比跃升到2023年的37.2%。

目前,国内学者对饲料粮的定义包括狭义的饲料粮、广义的饲料粮、近似广义的饲料粮三种。狭义的饲料粮只包括直接用作饲料的粮食,一般指玉米及替代品(大麦、高粱)(杨万江,1999),约70%的玉米用于生产饲料。广义的饲料粮在此基础上加入了粕类、麦麸等加工副产品,其中,粕类主要指豆粕,豆粕是大豆提取豆油后得到的一种副产品(蓝海涛,2008),大豆出粕率约为77%,约85%的豆粕用于生产饲料。豆粕和大豆属于同类原料关联,进口替代品(大麦、高粱)对进口玉米具有较高的替代性,近似广义的饲料粮包括玉米及替代品(大麦、高粱)和大豆(刘慧等,2023)。部分学者认为干玉米酒糟①(Distillers Dried Grains with Soluble, DDGS)也是玉米替代品,理由是DDGS是中国饲料企业广泛使用的能量蛋白原料,虽然不是玉米的直接替代物,但除淀粉外的其他营养成分均是玉米的3倍左右,因此可用作玉米和部分豆粕的替代品,成为弥补我国饲料市场需求缺口的有效途径(仇焕广等,2011;陈雨生等,2022)。

也有学者认为饲料粮有两个统计口径,一个是用作饲料的粮食,另一个是饲料用途的粮食,前者指特定时间所有实际被用作饲料的粮食,后者指主要用途为饲料的粮食品种。绝大多数研究中的饲料粮指后者,即饲料用途的粮食,具体主要包括两类:一是以饲用为主的粮食作物,主要是玉米、高粱、燕麦等,也包括青贮专用的小麦和稻谷等;二是副产品主要用作饲料且副产品量占产品总量的比重高的粮食作物,如大豆、小麦等。饲料需求和饲料形势的多样性决定了饲料粮的形式是多样的。以玉米为例,既包括籽粒玉米,也包括全株青贮玉米(刘长全等,2023)。

我国口粮消费主要以小麦和大米为主,玉米口粮消费不仅量小而且在总消费中的占比呈下降趋势,仅以副食补充的身份占据了主粮消费的很小一部分,因此在我国口粮范畴特指小麦与大米。从我国各品种粮食作物饲用数量占当年消费总量的比重来看,玉米为70%左右,燕麦为60%以上,高粱为40%以上。此外,大豆、大麦直接饲用部分的占比基本都低于10%,而其用于加工的部分数量大、增长快、占比高,加工后的副产品主

---

① 干玉米酒糟主要指在现代化技术和设备的燃料乙醇工厂,用玉米籽实与精选酵母混合发酵生产乙醇和二氧化碳后,剩余的发酵残留物通过低温干燥形成的共生产品。

要用于饲料。据测算，我国谷物、大豆综合饲用占比均已超过50%[①]。综合以上学者们的观点，从原粮的视角出发，本研究的饲料粮的定义包括狭义的饲料粮、近似广义的饲料粮两种，其中，狭义的饲料粮包括玉米（籽粒玉米）及替代品（大麦、高粱），近似广义的饲料粮包括玉米（籽粒玉米）及替代品（大麦、高粱）和大豆。

2. 饲料粮进口规模与结构变化

从狭义的饲料粮定义看，自2010年起我国饲料粮进口规模迅速扩大，2015年达到2 616万吨的高点，对外依存度也由2%上升至8.8%。其中，进口玉米、进口替代品分别为473万吨、2 143万吨，分别占饲料粮进口总量的18.1%、81.9%，玉米、替代品对外依存度分别大幅上升至1.8%、82.3%；到2020年，饲料粮进口规模略减少至2 419万吨，对外依存度也略下降至8.3%。其中，进口玉米、进口替代品分别为1 130万吨、1 289万吨，分别占饲料粮进口总量的46.7%、53.3%，玉米对外依存度上升至4.2%，替代品对外依存度则下降至72.1%，这一年进口玉米首次突破720万吨的进口配额；2021年，饲料粮进口规模又一次大幅增加并再创新高，达到5 025万吨，对外依存度也上升至15.3%。其中，进口玉米继续突破进口配额大幅增加，达到2 835万吨，在饲料粮进口总量中的占比进一步上升至56.4%，进口替代品在饲料粮进口总量中的占比进一步下降至43.6%，玉米、替代品对外依存度分别上升至9.4%、80.0%。2022年、2023年，饲料粮进口规模有所减少，分别为3 652万吨、4 366万吨，对外依存度分别下降至11.4%、12.9%。其中，进口玉米仍均突破进口配额，分别为2 062万吨、2 713万吨。2023年，进口玉米、进口替代品分别占饲料粮进口总量的62.1%、37.9%，玉米、替代品对外依存度分别为8.6%、75.8%，均略低于2021年的水平。

---

① 资料来源：饲料粮供给关乎国家粮食安全. 经济日报，http://paper.ce.cn/pc/layout/202307/07/node_11.html。

从近似广义的饲料粮定义看，2010—2020年，由于我国大豆进口量远高于其他饲料粮品种和国内产量，且增长较快，由5 480万吨增加至10 033万吨，而国内大豆产量则一直低位徘徊，不足2 000万吨，大豆对外依存度由本就较高的78.1%进一步上升至83.7%，导致近似广义的饲料粮进口量由5 882万吨增加至12 452万吨，对外依存度也由21.8%上升至30.4%，显著高于狭义的饲料粮对外依存度，这期间近似广义的饲料粮占我国粮食进口总量的比重在85%以上。2021—2023年，大豆进口量均低于1亿吨但都在9 000万吨以上，近似广义的饲料粮进口量分别为14 677万吨、12 760万吨、14 307万吨，对外依存度分别为33.3%、29.6%、31.2%，这期间近似广义的饲料粮占我国粮食进口总量的比重都接近90%。

从口粮定义看，2019年以前，我国口粮的对外依存度都不到2%。2020年以来口粮进口量开始增加，都在1 000万吨以上。2010—2015年，我国小麦进口量由120万吨增加至301万吨，对外依存度由1%上升至2.2%，进口总量不足总产量的2.5%。到2020年，小麦进口量增加至838万吨，对外依存度上升至5.9%，进口量占总产量的6.2%。2021年，小麦进口量首次突破963.6万吨的进口配额，达到977万吨，对外依存度进一步上升至6.7%，进口量占总产量的7.1%。2022年、2023年，小麦进口量继续突破963.6万吨的进口配额持续增加，分别为996万吨、1 210万吨，对外依存度继续上升至6.8%、8.1%，进口量分别占总产量的7.2%、8.9%；2010—2020年，我国大米对外依存度都保持在2%左右的较低水平，进口量也仅占总产量的2%左右。2021年、2022年，大米进口量激增，连续创下多年来的最高水平，特别是2022年大米进口总量首次突破532万吨的进口配额，达到619万吨，对外依存度上升至3.3%、4.1%，进口量分别占总产量的3.3%、4.2%。2023年，大米进口量、对外依存度、进口量占总产量的比例分别回落到263万吨、1.8%、1.8%（表4-1）。

综上，近年来我国粮食进口总量和进口品种结构都在发生变化。分品

第四章 饲料粮供需现状与发展趋势

表 4-1 2010—2023 年我国饲料粮进口规模与结构变化

单位：万吨

品种	2010年 产量	2010年 进口	2010年 出口	2010年 对外依存度(%)	2015年 产量	2015年 进口	2015年 出口	2015年 对外依存度(%)	2020年 产量	2020年 进口	2020年 出口	2020年 对外依存度(%)	2021年 产量	2021年 进口	2021年 出口	2021年 对外依存度(%)	2022年 产量	2022年 进口	2022年 出口	2022年 对外依存度(%)	2023年 产量	2023年 进口	2023年 出口	2023年 对外依存度(%)
玉米	19 076	157	13	0.8	26 499	473	1	1.8	26 067	1 130	0	4.2	27 255	2 835	0	9.4	27 720	2 062	0	6.9	28 884	2 713	0	8.6
替代品	453	245	0	35.1	462	2 143	0	82.3	501	1 289	2	72.1	546	2190	0	80.0	546	1 590	0	74.4	528	1 653	0	75.8
大麦	195	237	0	54.9	187	1 073	0	85.2	204	808	0	79.8	213	1 248	0	85.8	219	576	0	72.5	219	1 132	0	83.8
高粱	258	8	0	3.0	275	1070	0	79.6	297	481	2	62.0	339	942	0	73.5	309	1014	0	76.6	309	521	0	62.8
狭义的饲料粮	19 529	402	13	2.0	26 961	2 616	1	8.8	26 568	2 419	2	8.3	27 801	5 025	0	15.3	28 266	3 652	0	11.4	29 412	4 366	7	12.9
大豆	1 541	5 480	0	78.1	1 237	8 169	0	86.8	1 960	10 033	0	83.7	1 640	9 652	0	85.5	2 028	9 108	12	81.9	2 084	9 941	7	82.7
近似广义的饲料粮	21 070	5 882	13	21.8	28 198	10 785	1	27.7	28 528	12 452	2	30.4	29 441	14 677	0	33.3	30 294	12 760	12	29.6	31 496	14 307	160	31.2
稻谷及大米	19 723	50	62	0.4	21 214	338	29	2.2	21 186	294	230	2.0	21 184	496	245	3.3	20 849	619	221	4.1	20 660	263	160	1.8
小麦	11 609	120	0	1.0	13 256	301	12	2.2	13 425	838	18	5.9	13 694	977	8	6.7	13 772	996	15	6.8	13 659	1 210	21	8.1
口粮	31 332	170	62	0.5	34 470	639	41	1.8	34 611	1 132	248	3.2	34 878	1 473	253	4.1	34 621	1 615	236	4.5	34 319	1 473	181	4.1
粮食	55 911	6 695	124	10.7	66 060	12 477	164	15.9	66 949	14 262	354	17.6	68 285	16 454	331	19.5	68 653	14 687	322	17.7	69 541	16 196	262	18.9

注：对外依存度＝进口量/（产量＋进口量－出口量），替代品＝大麦＋高粱，狭义的饲料粮＝玉米＋替代品，近似广义的饲料粮＝玉米＋替代品＋大豆，2023年大麦、高粱产量数据用2022年数据近似替代，计算对外依存度时稻谷及大米产量按0.7出米率折算，为方便计算，出口量不足1万吨的年份数据显示为0。

数据来源：产量数据来自2011年、2016年、2021年、2022年、2023年《中国农村统计年鉴》和国家统计局，进口量数据来自海关总署。

种看，玉米及替代品、大豆、口粮进口都增加较多，其中，玉米、大豆增加最多。近似广义的饲料粮进口增加是导致我国粮食进口大幅增加的主要原因，意味着进口的粮食主要用于饲料原料。关于2020年以来我国口粮对外依存度显著上升的问题，具体原因及对我国粮食安全的影响在第三部分分析。

二、主要饲料粮品种供需形势

1. 近期供需状况

2014/2015—2022/2023年度，我国玉米产量由21 565万吨增加至27 720万吨，增加了6 155万吨，消费量由18 339万吨增加至29 051万吨，增加了10 712万吨，消费量增量显著高于产量增量。在2017/2018年度，国内玉米首次出现产不足需的问题，需求缺口高达5 436万吨，但是由于数量庞大的玉米库存有效弥补了国内需求缺口，进口量仅为347万吨。2018/2019—2022/2023年度，国内玉米一直保持在1 000万吨以上的需求缺口，随着玉米去库存周期基本结束，玉米进口规模自2020/2021年度起大幅增加；同期，我国大豆消费量由8 983万吨增加至11 415万吨，增加了2 432万吨，而国内产量只增加了813万吨，国内需求缺口由7 768万吨扩大至9 738万吨，进口量由7 835万吨增加至9 750万吨，国内需求缺口基本都靠进口来弥补；2018/2019—2022/2023年度，我国大麦、高粱产量较低且不稳定，最高产量分别也只有213万吨、338万吨。一直都存在需求缺口，需求缺口最大分别达到1 099万吨、1 076万吨。消费量年度间波动较大导致其进口量年度间波动也较大，进口量最多分别达到1 116万吨、1 099万吨。

从玉米各分项消费量来看，2014/2015—2022/2023年度，玉米饲用消费量由11 256万吨增加至18 800万吨，增加了7 544万吨，在玉米消费总量中的占比由61.4%上升至70.4%；工业消费量由5 257万吨增加至2019/2020年度的8 200万吨，增加了2 943万吨，之后有所减少，在玉米消费总量中的占比保持在27%左右。虽然玉米工业消费量占比也较高，但是受政府调控政策的影响较大，政府常常根据玉米供需情况出台鼓励或者限制政策。例如，玉米收储制度改革初期，为了鼓励消化玉米库存，政府先后采取将玉米深加工项目由国家发展改革委核准调整为省级发展改革委备案、取消玉米深加工等领域外资准入限制、对玉米深加工企业给予收购补贴等支持政策，玉米深加工企业的产能持续扩张，玉米工业消费量增加至2019/2020年度的8 200万吨。玉米供给格局从严重过剩转变为紧平衡后，在优先满足玉米饲用消费的政策导向之下，政府收紧玉米深加工项目审批，2021年1月1日，中共中央办公厅、国务院办公厅印发了《粮食节约行动方案》，明确提出对以粮食为原料的生物质能源加工业发展进行调控，玉米工业消费量小幅减少，2020/2021—2022/2023年度玉米工业消费量分别为8 000万吨、8 000万吨、8 100万吨。此外，玉米食用消费量在玉米消费总量中的占比由4.1%下降至3.4%，依据作物的实际用途，玉米更应该被归为用于支持畜牧业发展的饲料原料（即饲料粮）和工业原料的属性之中，玉米未来的主要发展方向应定位于饲料用途，那么在进口和自给率方面的要求也应区别于小麦、水稻。

从大豆各分项消费量来看，2014/2015—2022/2023年度，大豆压榨消费量由7 734万吨增加至9 593万吨，增加了1 859万吨，在大豆消费总量中的占比保持在85%左右；食用消费量由915万吨增加至1 432万吨，增加了517万吨，在大豆消费总量中的占比由10.2%上升至12.5%（表4-2）。

从大麦、高粱各分项消费量来看，饲用消费和工业消费都是其最主要的两项消费构成，但是饲用消费年度间波动都较大，工业消费年度间较稳定。可能是由于大麦、高粱的饲用消费量严重受到和玉米比价关系波动的影响。

表4-2 2014/2015—2022/2023年度我国玉米、大豆、大麦、高粱供需情况

单位：万吨

	市场年度	2014/2015	2015/2016	2016/2017	2017/2018	2018/2019	2019/2020	2020/2021	2021/2022	2022/2023
玉米	产量	21 565	22 458	21 955	21 589	25 733	26 077	26 066	27 255	27 720
	进口量	552	317	246	347	448	760	2 965	2 189	1 871
	消费量	18 339	19 409	21 072	27 025	27 978	27 830	28 216	28 770	29 051
	饲用消费	11 256	12 101	13 303	17 200	17 600	17 400	18 000	18 600	18 800
	工业消费	5 257	5 417	5 825	7 500	8 100	8 200	8 000	8 000	8 100
	食用消费	752	765	782	935	943	943	955	965	980
	其他消费	1 074	766	1 162	1 390	1 335	1 287	1 261	1 205	1 171
	缺口	3 226	3 409	883	-5 436	-2 245	-1 753	-2 150	-1 515	-1 331
大豆	产量	1 215	1 161	1 360	1 528	1 600	1 810	1 960	1 940	2 028
	进口量	7 835	8 323	9 349	9 413	8 261	9 853	9 978	9 030	9 750
	消费量	8 983	9 667	10 813	10 705	10 293	10 860	11 326	10 934	11 415
	压榨消费	7 734	8 289	9 290	9 112	8 672	9 100	9 500	9 200	9 593
	食用消费	915	1 035	1 118	1 204	1 253	1 380	1 420	1 355	1 432
	其他消费	334	343	405	389	368	380	406	379	390
	缺口	-7 768	-8 506	-9 453	-9 177	-8 693	-9 050	-9 366	-8 944	-9 738
大麦	产量	—	—	—	—	96	91	204	213	196
	进口量	—	—	—	—	586	502	1 079	1 116	641
	消费量	—	—	—	—	707	589	1 262	1 312	819
	饲用消费	—	—	—	—	300	200	790	850	370
	工业消费	—	—	—	—	390	370	400	390	370
	其他消费	—	—	—	—	17	17	72	72	71
	缺口	—	—	—	—	-611	-498	-1 058	-1 099	-623

(续表)

市场年度		2014/2015	2015/2016	2016/2017	2017/2018	2018/2019	2019/2020	2020/2021	2021/2022	2022/2023
高粱	产量	—	—	—	—	291	314	297	338	318
	进口量	—	—	—	—	64	370	867	1 099	486
	消费量	—	—	—	—	338	663	1 171	1 414	816
	饲用消费	—	—	—	—	60	360	860	1 100	500
	工业消费	—	—	—	—	210	230	238	240	242
	其他消费	—	—	—	—	68	68	73	74	74
	缺口	—	—	—	—	-47	-349	-874	-1 076	-498

注：—表示没有获得相应的数据；玉米、大豆、高粱市场年度为当年10月至下年9月，大麦市场年度为当年6月至下年5月，缺口=产量-消费量，玉米其他消费包括食用消费、种子用量、损耗及其他，大豆其他消费包括种子消费、损耗及其他，大麦、高粱其他消费包括食用消费和种用消费。

数据来源：玉米、大豆数据来自农业农村部市场预警专家委员会定期发布的《中国农产品供需形势分析》，大麦、高粱数据来自国家粮油信息中心定期发布的《饲用谷物供需状况月报》。

综上，近期我国玉米消费增加量远超国内增加的产量，在玉米供给格局从严重过剩转变为紧平衡的背景下，玉米饲用消费占比高、增长快，是导致其进口规模大幅增加的主要因素；大豆消费主要通过进口满足的格局没有改变，豆粕饲用需求和大豆油脂需求引致的大豆压榨消费增加是拉动其进口规模大幅增加的主要因素；大麦、高粱进口量年度间波动较大，主要取决于和玉米相比是否有价格优势。

2. 分省区市玉米、大豆供需状况

我国玉米供需严重不匹配，主产区中的东北地区①玉米产量占玉米总产量的44.6%，都有较多的结余量；主产区中的华北黄淮地区②玉米产量

---
① 包括吉林、黑龙江、辽宁和内蒙古。
② 包括北京、天津、河北、河南、山西、山东、江苏、安徽。

占玉米总产量的33%，总体上存在需求缺口；非主产区中的广东、广西两省区玉米产量合计只有343万吨，需求缺口合计高达2 712万吨。这主要是由玉米饲用消费布局导致的，山东、广东的玉米饲用消费在2 000万吨以上，河北、江苏、广西、四川的玉米饲用消费在1 000万吨以上（表4-3）。

表4-3　2022/2023年度我国玉米分省区市供求平衡分析　　单位：万吨

省区市	产量	总供给	饲用消费	其他	总需求	结余量
北京	34	42	146	31	177	-136
天津	124	129	136	18	154	-248
河北	2 095	2 120	1 030	744	1 774	346
山西	1 021	1 021	272	78	350	671
内蒙古	3 098	3 118	155	790	945	2 174
辽宁	1 959	2 049	1 070	221	1 291	758
吉林	3 258	3 268	370	919	1 289	1 979
黑龙江	4 038	4 043	456	1 919	2 375	1 669
上海	0	31	147	28	175	-145
江苏	296	606	1 060	162	1 222	-616
浙江	24	96	320	64	384	-288
安徽	663	673	630	235	865	-191
福建	16	96	650	51	701	-606
江西	22	42	900	72	972	-930
山东	2 630	2 940	2 650	2 231	4 881	-1 940
河南	2 275	2 285	880	576	1 456	829
湖北	312	339	810	164	974	-635
湖南	226	276	920	95	1 015	-739
广东	63	643	2 200	152	2 352	-1 709
广西	280	480	1 410	73	1 483	-1 003
海南	0	2	226	11	237	-235
重庆	256	256	327	39	366	-110
四川	1 046	1 046	1 055	231	1 286	-240
贵州	300	310	108	52	160	150

（续表）

省区市	产量	总供给	饲用消费	其他	总需求	结余量
云南	1 026	1 041	395	66	461	581
西藏	3	3	1	1	2	1
陕西	617	617	284	77	360	257
甘肃	664	667	315	92	407	260
青海	15	15	9	4	14	1
宁夏	277	277	63	95	158	119
新疆	1 081	1 081	505	228	733	348

注：玉米市场年度为当年10月至下年9月；总供给=产量+进口量；饲用消费包括工业配合饲料消费、浓缩饲料配料消费及农户自养直接投喂；其他消费包括食用、种用、工业等项目；结余量为当前新增供给量与年度需求总量的差额，不含上年库存。

数据来源：国家粮油信息中心发布的《饲用谷物供需状况月报》。

我国大豆同样存在供需严重不匹配问题，黑龙江大豆产量占全国大豆总产量的47%，大豆压榨数量却只占大豆压榨总数量的1.6%。江苏、山东、广东的大豆产量分别占大豆总产量的2.7%、2.9%、0.5%，大豆压榨数量却分别占大豆压榨总数量的16%、14.3%、11.9%。这主要是由我国大豆压榨企业布局导致的，山东、江苏和广东大豆压榨企业数量和产能位居全国前三位，三省企业数量占全国的38.3%，合计产能占全国的45.4%（表4-4）。但是由于我国大豆压榨企业高度依赖进口大豆，国产大豆供需严重不匹配问题的实质影响不大。

表4-4　2022/2023年度我国大豆分省区市压榨数量　　单位：万吨

省区市	产量	压榨数量
天津	1.18	640
河北	23.01	680
辽宁	26.98	860
吉林	69.98	180
黑龙江	953.37	150
上海	0.14	90

(续表)

省区市	产量	压榨数量
江苏	54.75	1 550
浙江	21.13	540
福建	9.93	450
山东	58.10	1 380
河南	84.85	355
湖北	35.38	150
湖南	33.82	63
广东	9.27	1 150
广西	16.83	960
四川	105.3	100
陕西	30.54	85
其他	493.79	297

注：大豆市场年度为当年10月至下年9月；各省区市大豆产量数据用2022年数据近似代替。

数据来源：国家粮油信息中心发布的《油脂油料市场供需状况月报》和《中国统计年鉴2023》。

我国饲料行业多分布在养殖大省。2023年，全国饲料产量超千万吨省区13个，合计的饲料产量、饲料工业总产值、饲料工业总营业收入分别占全国的77%、76.9%、79.3%。分类型看，合计的配合饲料产量占全国的80.6%；分品种看，合计的猪饲料产量、禽蛋饲料产量、肉禽饲料产量分别占全国的75.7%、84.3%、87.5%（表4-5）。13省区中有10个属于南方，南方也是家禽、生猪、水产养殖兴旺的区域，饲料原料大多依靠省外调运和进口。为缓解饲料原料的制约，新希望集团、海大集团、大北农等企业均一体化布局饲料以及下游养殖业，百洋股份等企业已经开始布局上游原料，提升企业对于原料的控制力度。

表4-5　2023年全国饲料工业分省区数据

省区市	饲料工业总产值（亿元）	饲料工业总营业收入（亿元）	饲料总产量（万吨）	配合饲料产量（万吨）	猪饲料产量（万吨）	禽蛋饲料产量（万吨）	肉禽饲料产量（万吨）
全国	14 018	13 304	32 162	29 889	14 975	3 211	9 511

(续表)

省区市	饲料工业总产值（亿元）	饲料工业总营业收入（亿元）	饲料总产量（万吨）	配合饲料产量（万吨）	猪饲料产量（万吨）	禽蛋饲料产量（万吨）	肉禽饲料产量（万吨）
山东	2 058	2 008	4 716	4 471	1 124	344	2 970
广东	1 661	1 653	3 611	3 518	1 505	224	1 113
广西	847	819	2 298	2 253	1 481	107	641
江苏	792	783	1 617	1 537	482	217	476
辽宁	746	658	1 873	1 582	566	181	854
湖北	688	626	1 500	1 442	781	347	98
河南	672	490	1 730	1 599	1 143	213	196
四川	660	663	1 529	1 444	1 066	144	221
河北	592	550	1 453	1 269	334	407	452
福建	514	517	1 266	1 239	567	104	402
安徽	501	414	1 305	1 249	555	152	513
湖南	577	569	1 401	1 338	944	141	177
江西	484	475	1 197	1 152	789	126	213

数据来源：2023年全国饲料工业发展概况，http://www.chinafeed.org.cn/hyfx/hyfx_erji/202402/t20240206_437711.htm。

3. 中长期供需趋势

从国内供给条件看，受资源条件的限制及在我国保障口粮绝对安全和油料等重要农产品供给的宏观调控目标下，玉米、大豆播种面积增长空间有限。以耕地条件为例，第三次全国国土调查数据显示，我国耕地面积19.179亿亩，较第二次全国国土调查减少了1.129亿亩，在耕地数量减少的同时耕地质量也在下降，还面临着耕地后备资源严重不足、现有部分耕地还要退出的问题。《"十四五"全国种植业发展规划》提出，到2025年，粮食播种面积稳定在2020年的17.5亿亩以上，其中，玉米播种面积由2020年的6.19亿亩增加至6.3亿亩以上，增长空间为1 100万亩；大豆播种面积由2020年的1.48亿亩增加至1.6亿亩，增长空间为1 200万亩，在播种面积预期目标实现的情况下,按现有单产水平估算,玉米、大豆产量目标将分别仅增加 435 万吨、1 700 万吨。

从国内需求趋势看,已有大量学者对中长期我国饲料粮的需求量进行了测算,尽管由于测算方法、饲料粮定义、数据来源及参数选择的不同,测算结果存在较大差异,但是总的趋势都是 2030 年前继续增长(表 4-6)。

表 4-6　部分学者对我国饲料粮中长期需求量的测算结果

作者	测算方法	数据来源	测算年份	需求量(万吨)
中国工程院"粮食作物产业可持续发展战略研究"课题组	灰色模型	国家统计局、中华粮网及 FAO 数据库	2020 2030	19 722.8 20 653.4
谢高地,成升魁,肖玉,鲁春霞,刘晓洁,徐洁	需求法	《全国农产品成本收益资料汇编》《中国统计年鉴》	2020 2030	33 900 34 500
周道玮,张平宇,孙海霞,钟荣珍,黄迎新,房义,李强,王婷	粮肉转化率	文献整理、国家统计局	2015 2030	54 000 75 000
苑颖,宋金杰,杨春河,刘爱秋	需求法	《中国居民膳食指南(2016年版)》	2020 2030	20 169 20 943
HUANG Shaolin, LIU Aimin, LU Chunxia, MA Beibei	需求法	FAO、国家统计局	2017 2030	33 600 38 960.8 或 42 548.8

三、进口口粮对饲料粮替代情况

进口口粮对饲料粮的替代,即口粮饲用主要受国际粮价波动导致的作物间比价关系变化的影响,国际粮价波动除了对具体粮食品种自身进口量产生影响外,还会连带影响其他粮食品种的进口量,影响程度主要取决于进口粮食的国内用途以及相对价格优势。我国进口大豆的主要用途是压榨后获取饲用蛋白豆粕和植物油脂,豆粕国内替代资源相对较少,主要依赖进口大豆。进口玉米的主要用途是作为支持畜牧业发展的饲料粮,国内替代资源相对较多。

从营养特性看，小麦蛋白质、钙和磷、B族维生素含量比玉米高，但小麦氨基酸平衡比玉米稍差，另外其不含胡萝卜素且维生素A、粗脂肪、亚油酸的含量低于玉米，但小麦消化率与玉米基本相当，用小麦作为饲用玉米替代品是十分理想的选择。当小麦价格低于玉米价格到一定程度，作为饲料原料可以大量替代玉米。例如，在玉米临储收购价格高企的年份，2011年、2012年我国小麦饲用消费从1 000万吨水平快速增加至2 500万吨水平，而当时黄淮海地区每斤小麦价格比玉米低约0.2元。再如，2016年前后每斤小麦价格比玉米低约0.2元，国产小麦替代玉米作饲料原料的数量一度增加到2 000万吨左右。

从营养特性看，稻谷粗纤维含量高于玉米和糙米①，有效能值低于玉米。糙米除粗纤维含量低于玉米外，必需氨基酸（除组氨酸和亮氨酸外）含量高于玉米，氨基酸消化率与玉米相近，亚油酸和亚麻酸的比例大约是玉米的2倍。糙米的总淀粉含量略高于玉米，淀粉颗粒较小，与玉米相比更易消化。有研究表明，稻谷在饲粮中添加比例过高会对动物的生长性能产生不利影响，而糙米的饲用效果优于稻谷，用糙米替代玉米是可行的。

1. 本轮国际食品价格波动概况

全球粮食价格大幅波动的根源和诱因表明，自然灾害和极端气候、地缘政治和地区冲突、贸易限制和供应链受阻、资本炒作和投机是国际粮食价格波动进而引发粮食危机的重要影响因素。大部分学者认为，高水平开放下国际粮食价格波动主要通过贸易和预期对国内粮食市场产生影响，但不同品种受影响程度存在差异，国际小麦和大米价格波动对国内影响十分有限，国际大豆和玉米价格波动对国内影响较大（曾伟，2023）。

根据FAO年度食品及其分类实际价格指数，本轮国际食品价格在

---

① 稻谷经砻谷机脱去颖壳后即可得到糙米，糙米再经加工碾去皮层和胚留下的胚乳，即为食用的大米。

2022年创历史新高，次高点是2021年，2023年排历史第三。其中，植物油、谷物、乳制品、肉类价格也均在2022年创历史新高。与前几次国际食品价格波动相比，本轮国际食品价格波动幅度明显加大，植物油、谷物和乳制品价格波动趋势与食品价格波动趋势基本一致，其中，植物油、谷物价格波动幅度远大于食品价格波动幅度，是导致本轮国际食品价格大幅波动的主要原因（图4-1）。

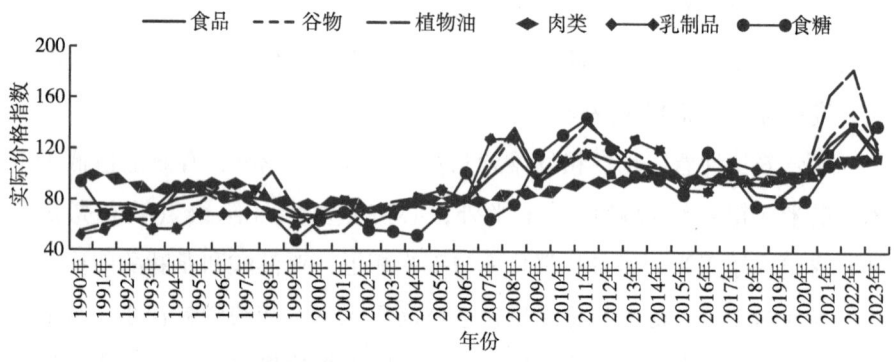

图4-1　1990年以来FAO食品及其分类实际价格指数波动趋势

数据来源：FAO（https://www.fao.org/worldfoodsituation/foodpricesindex/en/）。

2. 价差变化情况

根据前面的分析，选取大豆、玉米、小麦、大米四个粮食品种分析本轮国际食品价格波动中价差变化情况。

2020年1月至2023年12月，国内外大豆价格①波动较大、波动趋势基本一致；进口大豆一直都具有明显的价格优势，价差总体呈缩小趋势，2020年价差最大，平均达到每吨1 940元，2020年我国大豆进口量也首次突破1亿吨（图4-2）。

---

① 国内价格为山东国产大豆入厂价，国际价格为青岛港口的进口大豆到岸税后价。

第四章 饲料粮供需现状与发展趋势

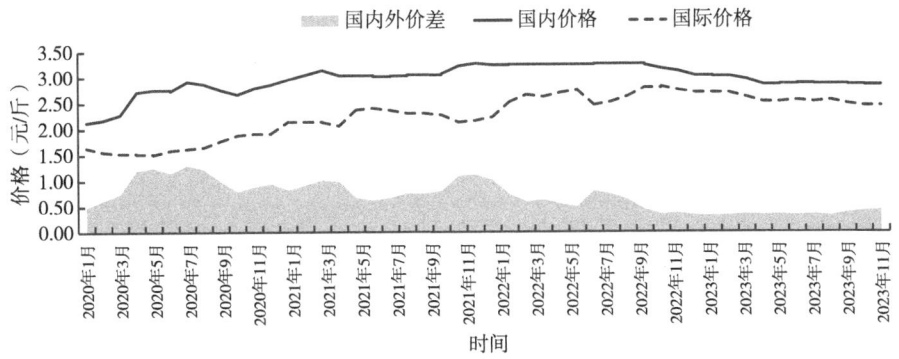

图4-2 2020年1月至2023年12月国内外大豆价差变化趋势

数据来源：农业农村部市场预警专家委员会。

国内外玉米价格①波动也较大、波动趋势不完全一致；进口玉米大部分月份具有价格优势。其中，2022年3—11月，进口玉米价格持续高于国内，然而就是在2022年大部分月份进口玉米不具有价格优势的情况下，我国玉米全年进口量仍然突破进口配额后达到2 062万吨的历史第三高点（图4-3）。

国内小麦价格②波动幅度明显小于国际价格波动幅度、波动趋势基本不一致；进口小麦具有阶段性价格优势。其中，2020年1月至2021年4月和2023年8—12月，进口小麦价格都低于国内，在2022年全年进口小麦价格都高于国内的情况下，我国小麦进口量仍然突破进口配额后达到996万吨的历史次高点（图4-4）。

国内大米价格③波动幅度明显小于国际价格波动幅度、波动趋势不一致；进口大米总体上具有价格优势。2022年价差最大为平均每吨540元，

---

① 国内价格为东北2等黄玉米运到广州黄埔港的平仓价，国际价格为美国墨西哥湾2级黄玉米（蛋白质含量12%）运到黄埔港的到岸税后价。

② 国内价格为广州黄埔港优质麦到港价，国际价格为美国墨西哥湾硬红冬麦（蛋白质含量12%）到岸税后价。

③ 国内价格指全国晚籼米（标一）批发均价，国际价格指泰国曼谷（25%含碎率）大米到岸税后价，美元汇率按当月银行基准价均价计算。

· 81 ·

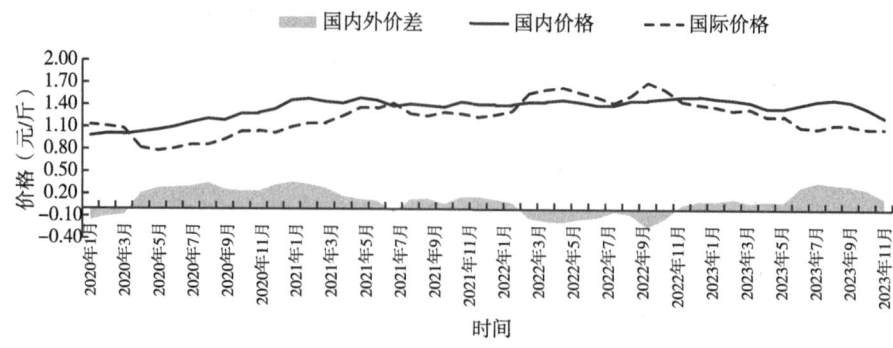

图 4-3　2020 年 1 月至 2023 年 12 月国内外玉米价差变化趋势

数据来源：农业农村部市场预警专家委员会。

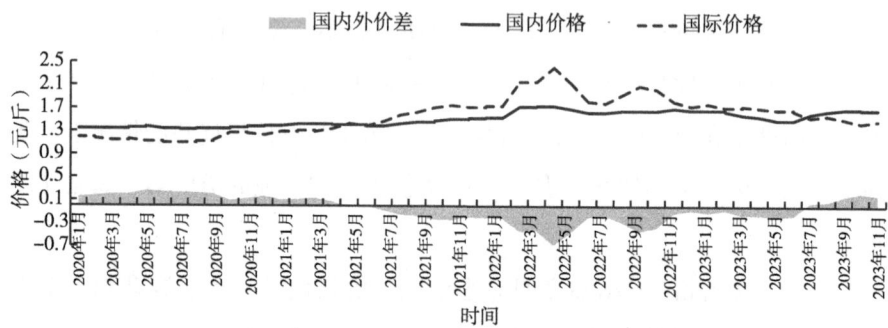

图 4-4　2020 年 1 月至 2023 年 12 月国内外小麦价差变化趋势

数据来源：农业农村部市场预警专家委员会。

2022 年我国大米进口量也首次突破进口配额后达到 619 万吨的历史高点。但也要注意到在 2021 年全年进口大米价格都高于国内的情况下，稻米进口量仍然达到 496 万吨的历史次高点（图 4-5）。

常年的市场实践表明，黄淮海地区的饲料生产上，小麦和玉米的合理比价约为 1∶1，当比价低于 1∶1 时，小麦开始替代玉米，当比价低于 0.95∶1 时，小麦开始大规模替代玉米。国际玉米价格波动传导到国内引起国内玉米和国际小麦价差、国内玉米和国际大米价差的变化，其中，2020 年 5 月至 2021 年 7 月、2023 年 8—11 月国内玉米和国际小麦价差明

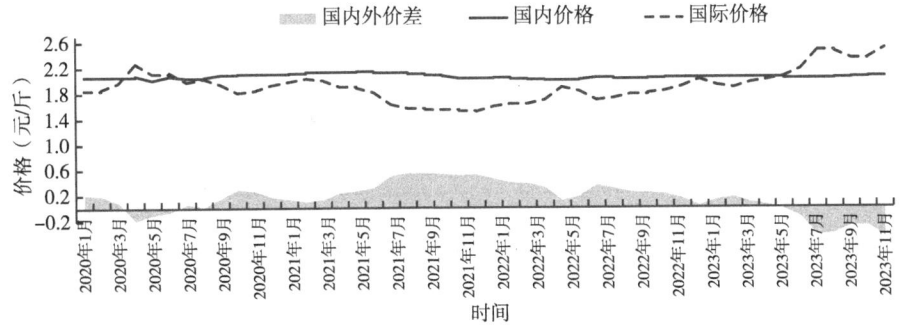

图4-5 2020年1月至2023年12月国内外大米价差变化趋势

数据来源：农业农村部市场预警专家委员会。

显缩小，每斤平均不到0.1元，进口小麦替代国内玉米饲用具有明显的价格优势，这也是2023年小麦进口量创历史新高的重要原因。其中，2021年1—6月，小麦和玉米比价都低于或等于0.95∶1，2020年10—12月、2021年7—12月、2023年8—10月，小麦和玉米比价都接近1∶1，也就是说，这期间是小麦替代玉米作为饲料原料最多的时期。

2021年7月至2022年4月，国内玉米和国际大米价差明显缩小，每斤平均不到0.2元，考虑到我国进口的大米品质较低和碎米较多，价差会更小，进口大米替代国内玉米饲用具有价格优势。相对而言，小麦更适合替代玉米加工饲料，因此在2022年国内玉米和国际小麦价差有所扩大的情况下，我国大米进口量创历史新高（图4-6）。

从小麦、大米的进口结构看，2020年，我国进口小麦用于食品加工的高筋麦进口量依旧占半数以上，用于饲用加工或部分用于食品加工的软麦进口量占比相对较小。2021—2023年，我国进口小麦主要用途是替代玉米饲料消费和补给制粉消费结构性紧缺，分别有28%、57.5%、57%的进口小麦来自澳大利亚，主要原因是在蛋白类饲料原料价格高企的情况下，南方饲料养殖企业多倾向采购性价比较高的澳大利亚小麦。2021年、2022年，我国大米进口量增加较多，其中，进口碎米分别占大米进口总量的50.8%、57%，主要

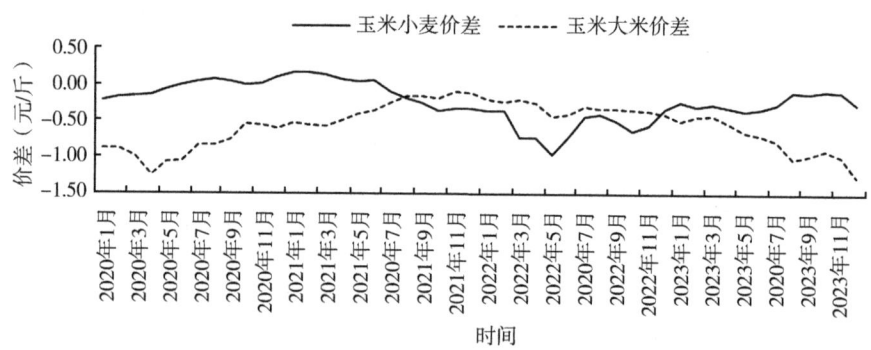

图 4-6 国内玉米和国际小麦价差、国内玉米和国际大米价差变化趋势

数据来源：农业农村部市场预警专家委员会。

原因是东南亚大米价格持续下跌，价格优势驱动下进口碎米增加，多用作饲料和工业用途。2023 年我国大米进口数量明显下降的主要原因是，国际大米价格大涨，已经与国内大米价格倒挂，不具进口性价比（表 4-7）。

表 4-7 2020—2023 年我国小麦、大米进口结构

项目	2020 年	2021 年	2022 年	2023 年
小麦进口量（万吨）	874	977	996	1 210
来自澳大利亚占比（%）	14.1	28.0	57.5	57.4
大米进口量（万吨）	294	496	619	263
进口碎米占比（%）	—	50.8	57.0	—

数据来源：农业农村部市场预警专家委员会、国家粮油信息中心。
注：—表示未找到统计数据。

根据以上分析，2020 年 1 月至 2023 年 12 月，国际大豆、玉米价格波动对国内价格的影响较大，其次是小麦、大米；进口大豆一直具有明显的价格优势，价差是进口增加的驱动因素。而进口玉米、进口小麦、进口大米都出现价差与进口量相向的情况，只能说在某些年份甚至月份价差是进口增加的驱动因素。国际玉米价格波动传导到国内引起国内玉米和国际小

麦价差、国内玉米和国际大米价差的变化，进口小麦、进口大米替代国内玉米饲用具有阶段性价格优势。

四、本章小结

目前，我国玉米的消费结构已经发生根本变化，玉米更应该被归为用于支持畜牧业发展的饲料原料（即饲料粮）和工业原料的属性之中。大豆直接饲用部分的占比基本低于10%，而其加工后的副产品主要用于饲料，据测算，我国大豆综合饲用占比均已超过50%。近年来，我国近似广义的饲料粮（玉米及替代品、大豆）进口大幅增加是导致我国粮食进口大幅增加的主要原因，也就是说，进口的粮食主要用于饲料原料。

从饲料粮近期供需形势看，饲用消费量呈增长趋势且在消费结构中占绝对主导地位，而国内生产的发展无法满足需求的增长，导致一直存在需求缺口及进口增加较多。从省区市层面看，玉米、大豆存在供需严重不匹配问题，但是由于我国大豆压榨企业高度依赖进口大豆，应更多地关注玉米的供需不匹配问题，大型饲料企业纷纷一体化布局饲料以及下游养殖业，以提升企业对于原料的控制力。从玉米、大豆中长期供需形势看，已有大量学者进行了测算，总的趋势都是2030年前继续增长。

从营养特性看，小麦、大米、大麦和高粱等都是玉米的合适替代品。当小麦、大米的价格低于玉米价格到一定程度，作为饲料原料可以大量替代玉米。本轮国际食品价格波动中，国际大豆、玉米价格波动对国内价格的影响较大，其次是小麦、大米；进口大豆一直具有明显的价格优势，价差是进口增加的驱动因素。而进口玉米、进口小麦、进口大米都出现价差与进口量相向的情况，只能说在某些年份甚至月份价差是进口增加的驱动因素。在小麦、大米进口量较多的年份，我国进口的大米大部分是碎米，主要用于替代玉米加工饲料;进口小麦主要用于替代玉米加工饲料和品种调剂。小麦、大米进口量增加对我国口粮安全的影响极其有限,目前我国稻谷、小麦全社会库存处于历史较高水平,能够满足一年以上的口粮消费需求①,口粮绝对安全有保障。

---

① 资料来源:国务院新闻办就2022年上半年农业农村经济运行情况举行发布会,https://www.gov.cn/govweb/xinwen/2022-07-20/content_5701889.htm。

第五章 "开源"端提升国内市场饲料粮供给能力的路径

"开源"端提升国内饲料粮供给能力的路径,长期来看要从提高农业综合生产能力、调动农民种粮和地方抓粮的积极性两方面综合施策以全方位夯实粮食安全根基。缓解短期供需紧张问题,不外乎就是增加播种面积和提高单产水平两个路径。然而受我国人多地少基本国情农情的制约,依靠科技发展和政策推动来提高单产水平应是"开源"端的主要路径,同时也要关注到,通过改变耕作制度、挖掘非传统耕地资源来增加播种面积仍有一定的潜力。

一、播种面积现状与增加潜力

1. 播种面积现状

从全国层面看,2000年以来,我国粮食作物播种面积总体在波动中稳步增加,其中,2000—2003年,粮食作物播种面积呈持续减少趋势,到2003年减少到149 116万亩的低点。主要原因是1998年以来,随着我国工业化城市化进程的加快,对建设用地的需求快速增加,农地由于其取得成本低,成为补充建设用地的重要来源。1998—2003年全国耕地减少量高达9 000多万亩,成为改革开放以来耕地减少最快的时期。特别是2003年一年全国净减少耕地面积就达到3 806.1万亩,粮食作物播种面积也减少了6 721万亩,粮食产量随之也减少了2 639万吨。在此形势下,国家明显加大耕地保护力度，进一步完善耕地保护政策体系，包括开始探索各级政府"一把手"负总责的耕地保护责任目标考核制度。同时，国家颁布实施了一系列支农扶农政策，包括粮食直接补贴、良种补贴和农机补贴（"三补贴"）政策措施等，极大地调动了农民种粮积极性。自2004年开始耕地减少趋势有所缓解，粮食作物播种面积也开始恢复，之后基本一直保持增加趋势。到2023年，全国粮食作物播种面积达到178 453万亩的高点。

由于玉米高产易种的特性，及20世纪80年代后我国经济发展带来居民食物消费结构的改变引致对饲料粮的需求增加，全国玉米播种面积基本一直处于增加趋势。特别是在始于2007年玉米临时收储政策的支持下，玉米临时收储价格从2007年的0.69元/斤一路攀升至2014年的1.11元/斤，2015年为1元/斤。玉米播种面积由2007年的45 036万亩增加到67 453万亩的历史高点，产量也由1.52亿吨增加到2.25亿吨的历史高点，分别增加了49.8%、48%。虽然显著增加了国内玉米产量，但是助长了市场价格信号的扭曲和市场机制的失灵。例如，2015年，国内外玉米每吨价差在600元上下，国内玉米不仅丧失了国际市场竞争力，也丧失了国内市场竞争力，其结果是出现了玉米连年增产、库存高企、进口增多的"三高"现象①。这期间，尽管自2008年起我国也开始实施大豆临时收储政策，但是由于大豆比较效益低于玉米，大豆与玉米播种面积呈明显的此消彼长关系，2007—2015年，大豆播种面积由13 201万亩减少到10 241万亩的历史低点，减少了22.4%。自2016年起，我国取消玉米临时收储政策，玉米价格逐渐下跌回归市场，播种面积由2016年的66 266万亩减少到2020年的61 896万亩，而大豆播种面积则由11 398万亩增加到14 824万亩。2021—2023年，玉米、大豆播种面积都在增加（图5-1）。主要原因包括玉米供给处于紧平衡、扩种大豆支持政策等。

从区域层面看，我国玉米、大豆种植遍布全国。2010年，东北产区、

---

① 资料来源：深刻认识玉米收储制度改革的重大意义，https://www.lswz.gov.cn/html/zt/ymsczdgg/2018-06/14/content_236666.shtml。

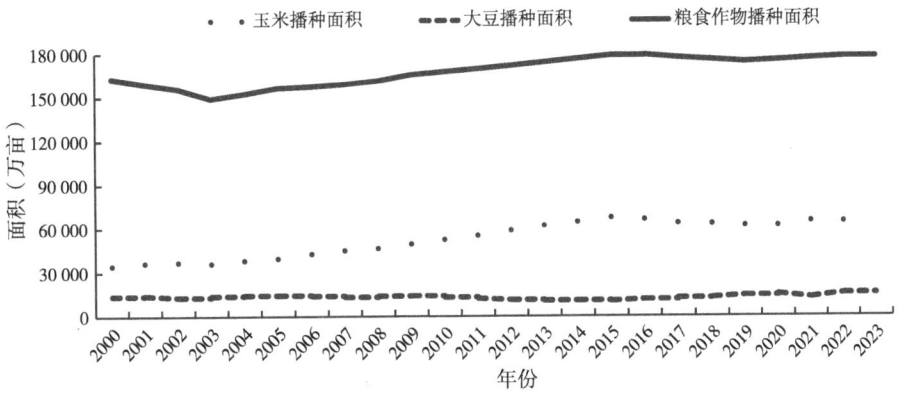

图 5-1 2000—2023 年我国玉米、大豆播种面积变化趋势

数据来源：国家统计局。

黄淮海产区、西南产区粮食播种面积占全国的比重分别为 23.5%、27.2%、24.6%，2015 年这一比重调整为 25.2%、27.4%、23.9%，2022 年这一比重为 26.2%、26.8%、23.5%；2010 年，东北产区、黄淮海产区、西南产区玉米播种面积占全国的比重分别为 37%、35.9%、16.6%，2015 年这一比重调整为 41.1%、33.1%、15.3%，2022 年这一比重为 40.4%、33%、15.4%；2010 年，东北产区、黄淮海产区、西南产区大豆播种面积占全国的比重分别为 59.4%、12.6%、11.0%，2015 年这一比重调整为 54.4%、12.2%、16.3%，2022 年这一比重为 64.2%、9.4%、14.5%。无论是粮食播种面积、玉米播种面积还是大豆播种面积总体都呈现出向东北产区集聚的趋势。

目前，东北产区是我国最大的玉米、大豆产区。2010—2022 年，东北产区粮食播种面积占全国的比重由 23.5% 上升至 26.2%，玉米由 37% 上升至 40.4%，大豆由 59.4% 上升至 64.2%。区域内部差异较大，黑龙江玉米播种面积占东北产区的比重由 36.7% 上升至 2015 年的 39.8%，受取消玉米临时收储政策引起种植结构调整的影响，随后下降至 2022 年的 26.2%，大豆由 72.2% 上升至 75%；内蒙古玉米播种面积占东北产区的比重由

20.9%上升至24.1%,大豆由18.3%上升至18.6%;吉林玉米播种面积占东北产区的比重由24.8%上升至25.7%,大豆由7.7%下降至4.7%;辽宁玉米播种面积占东北产区的比重由17.6%下降至15.9%,大豆基本保持在1.8%(表5-1)。

表5-1 2010—2022年分区域玉米、大豆播种面积变化　　单位:万亩

项目	粮食作物播种总面积			玉米播种面积			大豆播种面积		
	2010年	2015年	2022年	2010年	2015年	2022年	2010年	2015年	2022年
全国	167 543	178 444	177 498	52 465	67 453	64 605	13 050	10 241	15 366
东北产区	39 316	45 004	46 473	19 437	27 709	26 088	7 747	5 574	9 868
黑龙江	18 668	21 425	22 025	7 134	11 042	8 955	5 591	3 992	7 397
内蒙古	8 769	9 870	10 428	4 065	5 907	6 292	1 414	1 219	1 833
吉林	7 015	8 301	8 678	4 822	6 377	6 704	599	273	465
辽宁	4 864	5 408	5 342	3 416	4 384	4 137	143	90	173
占比(%)	23.5	25.2	26.2	37.0	41.1	40.4	59.4	54.4	64.2
黄淮海产区	45 494	48 871	47 643	18 847	22 330	21 294	1 650	1 248	1 445
山东	11 177	12 610	12 558	4 871	5 916	5 820	235	195	322
河北	9 662	10 158	9 666	4 787	5 482	5 184	187	118	147
河南	15 041	16 689	16 168	4 850	6 285	5 786	667	515	545
陕西	4 799	4 528	4 526	1 886	1 806	1 783	303	214	261
山西	4 815	4 885	4 725	2 453	2 842	2 721	259	206	169
占比(%)	27.2	27.4	26.8	35.9	33.1	33.0	12.6	12.2	9.4
西南产区	41 149	42 601	41 690	8 708	10 300	9 942	1 434	1 668	2 235
四川	9 293	9 429	9 695	2 281	2 725	2 783	391	494	780
贵州	4 527	4 666	4 183	1 343	1 557	933	233	292	348
湖南	7 272	7 581	7 148	450	550	590	139	145	198
湖北	6 204	7 177	7 033	859	1 220	1 164	165	217	345

(续表)

项目	粮食作物播种总面积			玉米播种面积			大豆播种面积		
	2010年	2015年	2022年	2010年	2015年	2022年	2010年	2015年	2022年
云南	6 202	6 291	6 316	2 291	2 644	2 876	218	242	241
重庆	3 146	3 031	3 070	679	678	672	130	142	161
广西	4 506	4 426	4 244	805	925	924	159	136	162
占比（%）	24.6	23.9	23.5	16.6	15.3	15.4	11.0	16.3	14.5
西北产区	5 306	5 166	5 088	1 616	2 050	2 160	148	108	124
宁夏	1 222	1 092	1 038	335	453	548	29	17	36
甘肃	4 084	4 074	4 050	1 281	1 598	1 612	119	92	88
占比（%）	3.2	2.9	2.9	3.1	3.0	3.3	1.1	1.1	0.8

数据来源：国家统计局，https://data.stats.gov.cn/easyquery.htm?cn=C01。

2. 播种面积增加潜力

2021年，我国大豆自给率下降到历史低点14.5%；全国大豆播种面积为1.26亿亩，同比下降14.8%。自巴西和美国两国进口的大豆常年占我国大豆进口总量的90%以上。大豆自给率过低和进口来源高度集中使我国在全球粮食市场动荡加剧背景下外部粮源的利用风险明显上升，已成为影响我国粮食安全的突出"短板"。为此，2022年中央一号文件提出"大力实施大豆和油料产能提升工程"，2023年中央一号文件要求"加力扩种大豆油料"。为调动农户积极性，我国政府陆续推出一揽子稳定大豆生产的支持政策措施，形成补贴、保险、收储、加工全产业链协同发力的一套政策"组合拳"；为调动地方政府积极性，中央政府在加大财政激励的同时将粮食安全由省长责任制上升为党政同责，以及自2023年大豆生产目标任务被纳入考核。2022年全国大豆播种面积达到15 366万亩，其中，东北产区增加的大豆播种面积占全国增量的78.7%。

我国玉米供给也处于紧平衡，作为主粮必须要保证较高的自给率，东北产区一年一熟的作物熟制让大豆、玉米的争地矛盾更突出，伴随着大豆播种面积增加的往往是玉米播种面积的近乎同规模的减少，黑龙江玉米播种面积由 2021 年的 9 786 万亩减少至 2022 年的 8 955 万亩。事实上，从 2010—2022 年东北产区玉米、大豆播种面积变化趋势看，二者此消彼长的特征一直十分明显（图 5-2）。

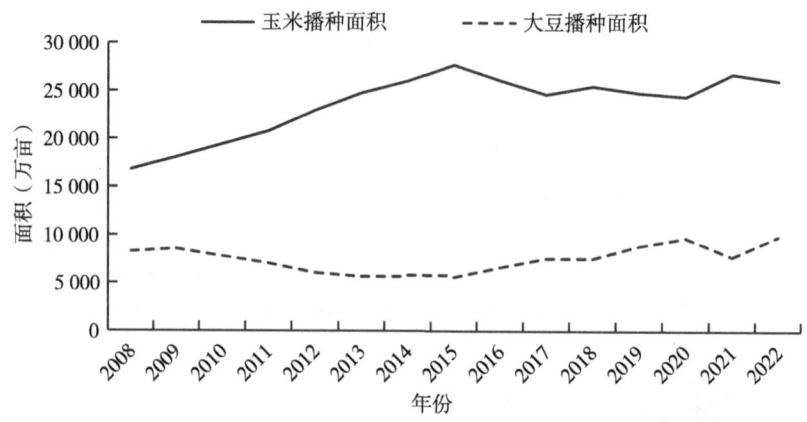

图 5-2　2010—2022 年东北产区玉米、大豆播种面积变化趋势

数据来源：国家统计局。

人多地少是我国基本国情农情，我国人均耕地面积只有世界平均水平的 1/2。目前，全国粮食播种面积约占耕地总面积的 93%，东北产区农作物播种面积占粮食作物播种面积的 89.8%，黑龙江更是高达 96.5%。因此，在玉米供给也处于紧平衡及大豆、玉米的争地矛盾特别突出的背景下，依靠在传统耕地资源上同时增加玉米、大豆播种面积的潜力十分有限。

从耕地后备资源①来看，全国耕地后备资源主要包括荒草地、盐碱地和裸地等。长期以来，各地通过开发利用耕地后备资源，有效补充或新增了耕地，特别是在非农建设占用耕地时，耕地后备资源的开发利用为实现

---

① 耕地后备资源一般是指在一定的技术经济条件下，可能转化为耕地的非耕地资源。

耕地占补平衡提供了重要保障。上一轮全国耕地后备资源调查评价结果显示，全国耕地后备资源总面积为8 029.15万亩，较此前一轮减少近3 000万亩，剩余的耕地后备资源开发难度大、开发成本高。从区域分布看，耕地后备资源主要集中在中西部经济欠发达地区，其中新疆、黑龙江、河南、云南、甘肃五地耕地后备资源面积占到全国近一半，而经济发展较快的东部各省份耕地后备资源之和仅占到全国的15.4%[①]。

更广义地说，耕地后备资源是指将那些低产耕地，通过土地开发、土地改良、土地整理等方法，使单位面积的生物生产力水平得到进一步提高，故这些低产的耕地也可视为耕地后备资源。《2019年全国耕地质量等级情况公报》显示，全国耕地按质量评价为一至三等耕地面积为6.32亿亩，占耕地总面积的31.2%；四至六等耕地面积为9.47亿亩，占耕地总面积的46.8%；七至十等耕地面积为4.44亿亩，占耕地总面积的22%（表5-2）。

表5-2 全国耕地质量等级面积比例及主要分布区域

耕地质量等级	面积（亿亩）	比例（%）	主要分布区域
一等地	1.38	6.82	东北区、长江中下游区、西南区、黄淮海区
二等地	2.01	9.94	东北区、黄淮海区、长江中下游区、西南区
三等地	2.93	14.48	东北区、黄淮海区、长江中下游区、西南区
四等地	3.50	17.30	东北区、黄淮海区、长江中下游区、西南区
五等地	3.41	16.86	长江中下游区、东北区、西南区、黄淮海区
六等地	2.56	12.65	长江中下游区、西南区、东北区、黄淮海区、内蒙古及长城沿线区
七等地	1.82	9.00	西南区、长江中下游区、黄土高原区、内蒙古及长城沿线区、华南区、甘新区
八等地	1.31	6.48	黄土高原区、长江中下游区、内蒙古及长城沿线区、西南区、华南区

---

① 资料来源：新一轮全国耕地后备资源调查评价工作正在进行——增加耕地，哪些资源可用？http：//www.scio.gov.cn/xwfbh/xwbfbh/wqfbh/47673/48153/xgbd48160/Document/1723203/1723203.htm。

（续表）

耕地质量等级	面积（亿亩）	比例（%）	主要分布区域
九等地	0.70	3.46	黄土高原区、内蒙古及长城沿线区、长江中下游区、西南区、华南区
十等地	0.61	3.01	黄土高原区、黄淮海区、内蒙古及长城沿线区、华南区、西南区

数据来源：《2019年全国耕地质量等级情况公报》。

我国中低产田比例超过70%；最好的耕地占1/4以上，基础地力较高。最差的耕地也占1/4以上，生产障碍因素突出，短时间内较难得到根本改善。中间这些占全国耕地总面积46.8%的四至六等的耕地（大部分是中低产田）所处环境气候条件基本适宜，农田基础设施条件相对较好，障碍因素较不明显，是今后粮食包括玉米、大豆增产的重点区域和重要突破口。

此外，我国是全球第三大盐碱地分布国家，目前拥有各类可利用盐碱地资源5亿多亩，其中，具有农业利用前景的盐碱地总面积1.85亿亩，主要分布在西北、东北、华北及滨海地区。《"十四五"全国种植业发展规划》提出，"要开发盐碱地种大豆"。2022年中央一号文件指出，"开展盐碱地种植大豆示范"。2023年中央一号文件指出，"稳步开发利用盐碱地种植大豆"。通过对盐碱地、荒漠等边际土地的利用，增加大豆播种面积有较大潜力。

二、单产水平现状与提高潜力

1. 单产水平现状

2002—2022年，我国粮食作物单产水平由每亩293公斤提高到387公斤，增幅为31.9%。其中，小麦、稻谷单产水平分别由每亩252公斤、413公斤提高到390公斤、472公斤，增幅分别为55.1%、14.4%；玉米、大豆单产水平分别由每亩344公斤、126公斤提高到419公斤、132公斤，增幅分别为21.8%、4.6%。玉米、大豆单产水平增幅均低于粮食作物总体水平，也显著低于小麦，特别是大豆单产水平最低、增幅却最小，导致大豆与玉米的单产水平差距进一步拉大，由每亩218公斤扩大至287公斤（图5-3）。

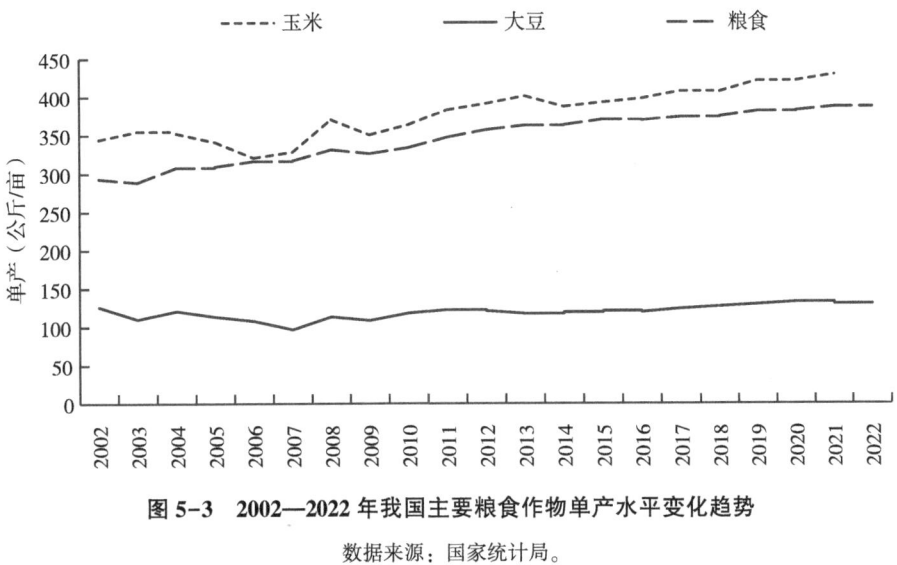

图5-3 2002—2022年我国主要粮食作物单产水平变化趋势

数据来源：国家统计局。

原因可能是，2009年我国在第一轮千亿斤粮食产能提升规划，即《全国新增1 000亿斤粮食生产能力规划（2009—2020年）》中，在重点品种上选取了单产水平较高的稻谷、小麦、玉米三大粮食作物，这与他们的主粮地位和当时主要粮油品种的国内产需形势及结构特征密切相关，相应的支持政策和资金投入也向这三大作物的主产省区、三大作物的机械育种等研发和种植这三大作物的农民倾斜。虽然《全国新增1 000亿斤粮食生产能力规划（2009—2020年）》中也提到要兼顾大豆，但是重视程度明显不足。到2015年，全国粮食单产水平达到370公斤，提高39公斤，增幅11.78%。其中，稻谷、小麦、玉米、大豆分别提高22公斤、42公斤、23公斤、7公斤，增幅分别为5.03%、13.21%、6.22%、6.14%；到2020

年,全国粮食单产水平达到382公斤,提高12公斤,增幅3.24%。其中,稻谷、小麦、玉米、大豆分别提高11公斤、23公斤、28公斤、11公斤,增幅分别为2.4%、6.39%、7.12%、9.09%。

从主产省区层面看,选取大豆产量在50万吨以上且是玉米主产省区的8个省区,这8个省区分布在东北产区、黄淮海产区、西南产区(表5-3)。

表5-3　2010—2022年分省区玉米、大豆单产水平变化　　单位:公斤

主产省区	玉米单产水平			大豆单产水平		
	2010年	2015年	2022年	2010年	2015年	2022年
全国	364	393	429	118	121	132
黑龙江	352	388	451	110	125	129
内蒙古	404	449	492	106	104	134
吉林	414	492	486	151	116	151
山东	425	424	452	160	169	180
安徽	274	375	360	84	102	103
江苏	361	372	398	173	160	174
河南	370	364	393	126	91	156
四川	329	364	376	156	156	135

数据来源:国家统计局,https://data.stats.gov.cn/easyquery.htm?cn=C01。

2010—2022年,8个省区玉米单产水平都在提高,其中,安徽、黑龙江、内蒙古、吉林、四川、江苏增幅分别为31.4%、28%、21.8%、17.5%、14.3%、10.4%。分阶段看,2010—2015年,有6个省区玉米单产水平在提高,分别是安徽(37%)、吉林(19%)、内蒙古(11%)、四川(10.7%)、黑龙江(10%)、江苏(3.2%),而河南(-1.6%)、山东(-0.4%)玉米单产水平在下降;2015—2022年,8个省区中有6个玉米单产水平在提高,分别是黑龙江(16.3%)、内蒙古(9.7%)、河南(8%)、江苏(7%)、山东(6.7%)、四川(3.3%),而安徽(-4.1%)、吉林(-1.3%)玉米单产水平在下降。

2010—2022年,8个省区中有6个省区大豆单产水平都在提高,内蒙

古、河南、安徽、黑龙江、山东、江苏增幅分别为26.7%、23.7%、22.6%、17.1%、12.3%、0.2%，吉林保持不变，四川（-13.6%）大豆单产水平在下降。分阶段看，2010—2015年，只有3个省区大豆单产水平都在提高，分别是安徽（21.7%）、黑龙江（13.5%）、山东（5.5%），而河南（-27.9%）、吉林（-23.3%）、江苏（-7.7%）、内蒙古（-1.6%）、四川（-0.3%）5个省区大豆单产水平在下降；2015—2022年，8个省区中有6个大豆单产水平在提高，分别是内蒙古（26.7%）、河南（23.7%）、安徽（22.6%）、黑龙江（17.1%）、山东（12.3%）、江苏（0.2%），吉林保持不变，而四川（-13.6%）大豆单产水平在下降。

主产省区之间玉米、大豆单产水平差距较大。东北产区内，吉林、内蒙古玉米单产水平显著高于黑龙江，2010年、2015年、2022年，吉林比黑龙江玉米单产水平每亩分别多62公斤、104公斤、35公斤，内蒙古比黑龙江每亩分别多52公斤、61公斤、41公斤；吉林大豆单产水平总体显著高于黑龙江，2010年、2022年，比黑龙江每亩分别多41公斤、22公斤。在黄淮海产区内，2010年、2015年、2022年，玉米单产水平最高的山东比单产水平最低的安徽每亩分别多151公斤、49公斤、92公斤，大豆单产水平最高的山东比单产水平最低的安徽每亩分别多76公斤、67公斤、77公斤。

2. 单产水平提高潜力

单产水平提高潜力主要体现为农户大田平均亩产与世界平均水平和主产地高产水平相比、与国内专家试验田及高产典型相比差距有多大，差距越大，意味着单产水平提高潜力越大。

与世界平均水平和主产地高产水平相比，玉米全国农户大田平均亩产与世界平均水平持平、高于巴西，但是仅为美国（816公斤）的52.6%，即使农户大田平均亩产最高的吉林、内蒙古也分别仅为美国的60.3%、55%。大豆全国农户大田平均亩产是世界平均水平的67.3%，是美国的52.8%，是巴西的59.7%。产量最大的黑龙江农户大田平均亩产仅为世界平均水平的65.8%，是美国的51.6%，是巴西的58.4%。产量第二大的内蒙古农户大田平均亩产是世界平均水平的68.4%，是美国的53.6%，是巴西的60.6%。油菜籽全国农户大田平均亩产是世界平均水平的87.2%，是欧盟的57.9%，是加拿大的87.7%；稻谷全国农户大田平均亩产远高于世界平均水平；小麦全国农户大田平均亩产远高于世界平均水平和主产地高产水平（表5-4）。

表5-4 我国主要粮油品种亩产水平国内外比较　　　　单位：公斤/亩

主要粮油品种	农户大田亩产		世界和主产地亩产	
玉米	全国	429	世界	429
	吉林	492	美国	816
	内蒙古	449	巴西	390
大豆	全国	132	世界	196
	黑龙江	129	美国	250
	内蒙古	134	巴西	221
油菜籽	全国	143	世界	164
	湖北	159	欧盟	247
	湖南	117	加拿大	163
稻谷	全国	476	世界	353
	湖南	444	印度	317
	江苏	598	越南	451
小麦	全国	385	世界	277
	河北	437	澳大利亚	214
	山东	440	加拿大	255

数据来源：农户大田亩产数据为国家统计局2022年数据，https://data.stats.gov.cn/easyquery.htm?cn=C01，世界和主产地亩产为2022年FAO数据。

与国内部分专家试验田相比，辽宁建平县、河北辛集市、河南卫辉市玉米专家试验田亩产分别是全国农户大田平均亩产的3倍、2.2倍、2.1倍，是吉林农户大田平均亩产的2.6倍、1.9倍、1.8倍，是内蒙古农户大田平均亩产的2.8倍、2.1倍、2倍；山东曲阜市（清种夏播）、山东东营市（盐碱地清种）、江西彭泽县（清种夏播）大豆专家试验田亩产分别是全国农户大田平均亩产的2.8倍、2.3倍、1.9倍，是黑龙江农户大田平均亩产的2.9倍、2.4倍、2倍，是内蒙古农户大田平均亩产的2.8倍、2.3倍、1.9倍（表5-5）。

表5-5 国内玉米、大豆农户大田亩产水平与部分专家试验田亩产水平比较

单位：公斤/亩

品种		农户大田亩产	专家试验田亩产	
玉米	全国	429	辽宁建平县	1 270.4
	吉林	492	河北辛集市	937.68
	内蒙古	449	河南卫辉市	907.4
大豆	全国	132	山东曲阜市（清种夏播）	369.7
	黑龙江	129	山东东营市（盐碱地清种）	306.52
	内蒙古	134	江西彭泽县（清种夏播）	255.2

数据来源：农户大田亩产数据为国家统计局2022年数据，https://data.stats.gov.cn/easyquery.htm?cn=C01，专家试验田亩产为中央和地方政府部门公布的2023年专家组实收实测数据。

为挖掘一批种植能手和高产典型，农业农村部自2022年组织开展全国大豆高产竞赛。2022年，新疆生产建设兵团第四师的清种春播大豆亩产442公斤、江苏响水县的清种夏播大豆亩产368.3公斤、山东禹城市的带状复合种植大豆亩产165.1公斤，分别创全国大豆不同种植模式高产纪录；2023年，新疆生产建设兵团第四师的清种春播大豆亩产447.96公斤、山东曲阜市的清种夏播大豆亩产369.7公斤、四川遂宁市的带状复合种植大豆亩产207.34公斤，分别创全国大豆不同种植模式高产新纪录。

与国内高产典型相比，2022年，清种春播大豆、清种夏播、带状复合种植大豆亩产第一名分别是全国农户大田平均亩产的3.3倍、2.8倍、1.6倍。同一种种植模式下，不同地区的高产典型存在较大差异，2022年，新疆生产建设兵团第四师清种春播大豆亩产比内蒙古自治区兴安盟扎赉特旗清种春播大豆亩产多138.6公斤，江苏响水县清种夏播大豆亩产比安徽灵

璧县清种夏播大豆亩产多59.4公斤，山东禹城市带状复合种植大豆亩产比安徽蒙城县带状复合种植大豆亩产多25.7公斤（表5-6）。

表5-6 2022年、2023年不同种植模式下部分大豆高产竞赛结果

单位：公斤

种植模式	2022年		2023年	
	高产典型地点	亩产	高产典型地点	亩产
清种春播	新疆生产建设兵团第四师	442	新疆生产建设兵团第四师	447.96
	内蒙古自治区兴安盟扎赉特旗	303.4	—	—
清种夏播	江苏响水县	368.3	山东曲阜市	369.70
	安徽灵璧县	308.9	安徽灵璧县	343.56
带状复合种植	山东禹城市	165.1	四川遂宁市	207.34
	安徽蒙城县	139.4	安徽蒙城县	147.8

数据来源：全国农业技术推广服务中心关于2022年、2023年全国大豆（油菜）高产竞赛结果的通报。

总体上，我国粮食单产水平持续提高，2023年达到每亩390公斤，但是距离新一轮千亿斤粮食产能提升行动提出的"到2030年粮食单产水平达到每亩420公斤左右"的目标仍有一定差距，需要继续挖掘潜力。与世界平均水平和主产地高产水平相比，我国玉米、大豆单产水平提高潜力高于稻谷、小麦、油菜籽，与国内专家试验田及高产典型相比，农户大田单产水平提高潜力较大。

三、增加播种面积和提高单产水平的路径与重要举措进展

1. 增加播种面积的路径

（1）高度重视高标准农田建设

2013年国务院批准实施《全国高标准农田建设总体规划》，各地、各

有关部门狠抓规划落实,通过采取农业综合开发、土地整治、农田水利建设、新增千亿斤粮食产能田间工程建设、土壤培肥改良等措施,持续推进农田建设,不断夯实农业生产物质基础。截至2020年底,全国已完成8亿亩高标准农田建设任务。高标准农田建设通过完善农田基础设施、提升耕地质量、改善农业生产条件,降低了农业生产成本、提高了产出效率、增加了土地流转收入,显著提高了农业生产综合效益,从各地实践看,建成后的高标准农田,亩均粮食产能增加10%~20%,平均每亩节本增效约500元[①]。

当前和今后一个时期,粮食消费结构不断升级,粮食需求和资源禀赋相对不足的矛盾日益凸显,加之面临的外部环境趋于复杂,确保国家粮食安全的任务更加艰巨。截至2020年末,我国已建成高标准农田占耕地面积的比例约40%,大部分耕地仍然存在着基础设施薄弱、抗灾能力不强、耕地质量不高、田块细碎化等问题。2019年中央一号文件提出"修编全国高标准农田建设总体规划,统一规划布局、建设标准、组织实施、验收考核、上图入库"。2020年中央一号文件强调加快"修编建设规划"。2021年中央一号文件要求"实施新一轮高标准农田建设规划"。据此编制了《全国高标准农田建设规划(2021—2030年)》(以下简称《规划》)。

《规划》提出"以提升粮食产能为首要目标,兼顾油料、糖料、棉花等重要农产品生产,坚持数量、质量、生态相统一",提出的建设目标是,"通过新增建设和改造提升,力争将大中型灌区有效灌溉面积优先打造成高标准农田,确保到2022年建成10亿亩高标准农田,以此稳定保障1万亿斤以上粮食产能。到2025年建成10.75亿亩高标准农田,改造提升1.05亿亩高标准农田,以此稳定保障1.1万亿斤以上粮食产能。到2030年建成12亿亩高标准农田,改造提升2.8亿亩高标准农田,以此稳定保障1.2万亿斤以上粮食产能。把高效节水灌溉与高标准农田建设统筹规划、同步实施,规划期内完成1.1亿亩新增高效节水灌溉建设任务。到2035

---

① 资料来源:《全国高标准农田建设规划(2021—2030年)》。

年，通过持续改造提升，全国高标准农田保有量和质量进一步提高，绿色农田、数字农田建设模式进一步普及，支撑粮食生产和重要农产品供给能力进一步提升，形成更高层次、更有效率、更可持续的国家粮食安全保障基础"（表5-7）。

表5-7　全国高标准农田建设主要指标

序号	指标	目标值	属性
1	高标准农田建设	到2022年累计建成高标准农田10亿亩 到2025年累计建成高标准农田10.75亿亩 到2025年累计改造提升高标准农田1.05亿亩 到2030年累计建成高标准农田12亿亩 到2030年累计改造提升高标准农田2.8亿亩	约束性
2	高效节水灌溉建设	到2022年累计建成高效节水灌溉面积4亿亩 2021—2030年新增高效节水灌溉面积1.1亿亩	预期性
3	新增粮食综合生产能力	生产能力新增高标准农田亩均产能提高100公斤左右 改造提升高标准农田产能不低于当地高标准农田产能的平均水平	预期性
4	新增建设高标准农田亩均节水率	10%以上	预期性
5	建成高标准农田上图入库覆盖率	100%	预期性

资料来源：《全国高标准农田建设规划（2021—2030年）》。

根据承担国家粮食安全的责任，合理布局高标准农田建设任务，《规划》将全国划分为东北区、黄淮海区、长江中下游区、东南区、西南区、西北区（含黄土高原区和西北内陆绿洲农业区两个区）、青藏区七个区域，将高标准农田建设任务分解到各省（市、区）。其中，东北区[①]、黄淮海

---

① 包括辽宁、吉林、黑龙江3省，以及内蒙古的赤峰、通辽、兴安和呼伦贝尔4盟（市）。

区①、长江中下游区②三个区为全国性粮食主产区，也是我国粮食生产功能区和油料、棉花等重要农产品生产保护区的核心区域，是国家高标准农田建设的重点区域。高标准农田到 2025 年累计建成面积分别占全国的 20.8%、23.3%、21.4%，到 2025 年累计改造提升面积分别占全国的 22.9%、23.1%、22.4%，到 2030 年累计建成面积分别占全国的 20.1%、24%、21%，到 2030 年累计改造提升面积分别占全国的 22.8%、23.5%、22.5%。根据前面的分析，东北区、黄淮海区、长江中下游区这三个区中的大部分省份是玉米、大豆主产区。此外，西南区③中的四川等省份也是玉米、大豆主产区，高标准农田到 2025 年累计建成面积、到 2025 年累计改造提升面积、到 2030 年累计建成面积、到 2030 年累计改造提升面积分别占全国的 15.1%、15.4%、15.5%、15.3%。这四个区高标准农田到 2025 年累计建成面积、到 2025 年累计改造提升面积、到 2030 年累计建成面积、到 2030 年累计改造提升面积合计分别占全国的 80.7%、83.7%、80.5%、84.2%（表 5-8）。

表 5-8　各省（区、市）高标准农田建设任务单位　　　　　　　单位：万亩

区域	到 2025 年累计建成面积	到 2025 年累计改造提升面积	到 2030 年累计建成面积	到 2030 年累计改造提升面积
全国合计	107 500	10 500	120 000	28 000
北京	119	13	139	28
天津	438	19	463	49
河北	5 234	491	5 775	1 311
山西	2 484	218	2 860	583
内蒙古	5 470	512	6 000	1 458
辽宁	3 712	389	4 219	1 037
吉林	4 819	379	5 832	1 048

---

① 包括北京、天津、河北、山东和河南 5 省（市）。
② 包括上海、江苏、安徽、江西、湖北和湖南 6 省（市）。
③ 包括广西、重庆、四川、贵州和云南 5 省（区、市）。

（续表）

区域	到 2025 年累计建成面积	到 2025 年累计改造提升面积	到 2030 年累计建成面积	到 2030 年累计改造提升面积
黑龙江	11 085	1 145	12 713	3 041
上海	184	7	194	17
江苏	4 540	483	4 926	1 288
浙江	2 000	111	2 050	297
安徽	6 250	630	6 750	1 718
福建	1 150	99	1 260	205
江西	3 079	305	3 330	793
山东	7 791	870	8 320	2 320
河南	8 759	1 007	9 459	2 686
湖北	4 689	474	5 309	1 264
湖南	4 298	452	4 643	1 212
广东	2 670	213	2 720	575
广西	2 977	293	3 389	781
海南	503	51	546	127
重庆	1 810	202	1 960	545
四川	5 726	598	6 353	1 594
贵州	2 010	161	2 515	408
云南	3 733	360	4 350	966
西藏	446	45	566	103
陕西	2 194	114	2 617	303
甘肃	2 750	222	3 368	592
青海	485	38	548	114
宁夏	1 050	104	1 200	275
新疆	3 874	384	4 375	966
新疆生产建设兵团	1 171	111	1 251	296

资料来源：《全国高标准农田建设规划（2021—2030 年）》。

（2）推广大豆玉米带状复合种植

在全球尺度上，间套作的设计及管理方式呈现两种不同的模式且显著影响间套作的增产效应。其中一种间套作模式为粮食作物与玉米间作、条带种植、分期播种和收获、共生期较短、肥料投入相对较高，增产效应高，该模式广泛在我国应用。另一种间套作模式以矮谷物与豆科混作、同种同收、共生期长、肥料投入较低，增产效应低，该模式广泛在欧洲应用。以我国为代表的高投入—高产出玉米间套作模式具有更大的增产效应，是低投入—低产出的间套作模式的4倍。两种模式较单作均具有节肥增产的优势，说明间套作不仅能满足低投入农业的生态目标，同样也是高投入农业中保障粮食生产及生态可持续集约化的有效途径。

我国间套作种植模式源于春秋战国时期，距今已有2 000多年的历史，20世纪以来也被世界其他国家广泛采用。在有限资源约束下，间套作模式已在历史长河中为减少饥饿和贫困作出了贡献，未来该模式具有为全球人口提供更多食物的潜力。然而，21世纪以来，由祖祖辈辈实践经验形成的传统间套作模式逐渐退出历史舞台。虽无官方统计数据，但从现有研究中可知，我国采用该模式的耕地比重由"八五"时期的1/3下降到"十二五"时期的不足10%。究其原因，传统间套作模式田间管理复杂、不易机械化，偏向"劳动密集型"生产方式，劳动力需求量大且强度高。

间套作具有"生态可持续、集约利用资源"等有益"基因"，最大优势就是提高土地产出率，但是传统大豆间作套种生产中存在的田间配置不合理、大豆倒伏严重、施肥技术不配套和病虫草害防控技术缺乏四大瓶颈问题。基于此，国家大豆产业技术体系在传统间套作实践经验基础上，针对田间管理效率和机械化水平低的问题，以"高产出、机械化、可持续"为目标，将传统"劳动密集型"大豆玉米间套作经验转化为"劳动节约型"带状复合种植技术。早在2003年，农业部就组织开展大豆玉米带状复合种植技术试点示范，大豆玉米带状复合种植技术连续13年入选国家和省主推技术，2019年遴选为国家大豆振兴计划重点推广技术，2019年获四川省科技进步奖一等奖，2020年作为玉米、大豆间作新农艺写入中央一号文件加大力度推广。据统计，近20年累计推广3 000多万亩，其中2021年全国推广700多万亩。经过多年探索，该模式现在已经基本成熟。

由于作物生长规律，大豆与玉米天然存在争地问题。为破解耕地资源制约，有效提高土地的利用率，2020年中央一号文件指出"加大对玉米、大豆间作新农艺推广的支持力度"。2022年中央一号文件明确要求"集中支持适宜区域、重点品种、经营服务主体，在黄淮海、西北、西南地区推广玉米大豆带状复合种植"。2023年中央一号文件进一步要求"扎实推进大豆玉米带状复合种植"。《"十四五"全国种植业发展规划》提出"到2025年，推广大豆玉米带状复合种植面积5 000万亩（以下称"复合种植"）。

复合种植模式已在我国西南地区进行了大面积推广，在黄淮海、西北及东北地区进行了试验示范，多年多点专家测产表明，该模式相对传统净作玉米不减产、每亩多收带状套作大豆130~150公斤或带状间作大豆100~130公斤，是稳玉米、扩大豆的有效途径。此外，该模式更加绿色，生态效益十分明显，大豆的固氮作用和轮作效应使土壤有机质含量增加19.8%、根瘤固氮量提高9.2%、作物固碳能力增加18.6%，年均氧化亚氮和二氧化碳排放强度分别降低45.9%和15.8%。

大豆、玉米的全生育期差异受光热资源调控，两种作物的生育期相近为北方普遍采用的间作模式[①]，共生期不超过任一作物全生育期的一半为西南地区的套种模式[②]。按大豆与玉米行数配比，技术模式又包括3∶2间作、4∶2间作、6∶2间作、3∶4间作、4∶4间作、4∶6间作、2∶2套作、3∶2套作等田间配置模式。进一步，根据区域光热资源和水土资源不同，大豆玉米带状复合种植模式的技术要点有所差异，可分为黄淮海地区、西北地区和西南地区间作模式与西南地区套作模式（表5-9）。

---

① 通常先播种玉米，在玉米的抽雄吐丝期播种大豆。大豆前期受到玉米的影响，玉米收获后大豆中后期有相当长的单作生长时间，能充分利用时间和空间。

② 玉米、大豆同时播种，基本同期收获。大豆前期不受玉米影响，中后期受到与之共生的玉米影响，能集约利用空间。

表 5-9 不同区域大豆玉米带状复合种植模式的技术参数

技术模式	区域	相邻玉米带间距（米）	大豆玉米带间距（米）	大豆带行数（行）与行距（米）	玉米带行数（行）与行距（米）	大豆株距（厘米）与播种密度（粒/亩）	玉米株距（厘米）与播种密度（粒/亩）
黄淮海地区间作	河北、河南、山东、安徽、江苏、山西	2.1~2.3	0.6~0.7	4~6, 0.25~0.4	2, 0.4	8~10, 10 000	8~11, 4 500
西北地区间作	甘肃、陕西、宁夏、新疆、内蒙古	1.6~2.9	0.6~0.7	2~6, 0.25~0.3	2, 0.4	8~10, 12 000	8~10, 4 000~6 000
西南地区间作	云南、贵州	2~2.3	0.6~0.7	3~4, 0.3~0.4	2, 0.4	10~11, 9 000	11~13, 4 000
西南地区套作	四川、重庆、陕西南部、湖南西部、湖北西部、贵州北部、广西、云南南部	1.8~2.2	0.6~0.7	2~3, 0.3~0.4	2, 0.4	9~10, 9 000	12~15, 4 000

资料来源：全国大豆玉米带状复合种植技术模式图，http：//www.moa.gov.cn/gk/nszd_1/2022/202201/P020220126618153172603.pdf。

2022 年是我国大面积推广带状复合种植模式的第一年，年初农业农村部向位于黄淮海、西北、西南地区的 16 个省（区、市）共下达了 1 515 万亩的推广任务，实际超额完成推广至 1 600 多万亩。从各省（区、市）的反馈情况看，大部分田块实现了"玉米基本不减产，多收一季豆"的目标[1]。山东对 400 个带状复合种植主体的调查结果显示，14.8%的地块玉米基本不减产，76.5%的地块玉米减产 10%、约 50 公斤，大豆亩产约 100 公斤。山西的测产结果显示，70%的带状复合种植地块玉米基本不减产，大豆亩产 50 公斤以上的地块占 69%。

在 2022 年的基础上，2023 年初，农业农村部继续向位于黄淮海、西北、西南地区的 17 个省（区、市）[2]共下达了 2 006 万亩的带状复合种植推广任务，实际超额完成推广至 2 016 万亩[3]。其中，四川承担 495 万亩，

---

[1] 资料来源：农业农村部部署 2023 年大豆玉米带状复合种植示范推广工作，http：//www.moa.gov.cn/xw/zwdt/202304/t20230420_6425829.htm。

[2] 新增湖北省。

[3] 资料来源：农业农村部组织专家制定《2024 年全国大豆玉米带状复合种植技术手册》，http：//nyncj.huizhou.gov.cn/zwzc/xwzx/ttxw/content/post_5186392.html。

比 2022 年增加 185 万亩，任务总量继续领跑全国。四川对全省 650 户小农户、261 户规模户的带状复合种植产量进行分析，小农户带状复合种植玉米、大豆产量分别可达到 422.1 公斤/亩、103.5 公斤/亩，规模户带状复合种植玉米、大豆产量分别为 419.7 公斤/亩、104.0 公斤/亩①。

2024 年，农业农村部在总结近两年大豆玉米带状复合种植大面积示范推广和高产竞赛经验的基础上，组织有关专家，与 18 个省（区、市）②逐一对接，进一步细化优化品种选用、整地播种、行比配置、施肥除草、病虫防治、成熟收获等关键环节，制定了全国及分省份带状复合种植技术手册，为各地示范推广提供技术支撑，进一步提升带状复合种植标准化、规范化水平。计划在全国 16 个省份推广带状复合种植模式 1 500 万亩以上③，其中，四川承担 495 万亩，与 2023 年持平，任务总量继续领跑全国。从调研情况来看，由于"有钱挣"，带状复合种植的基层思想认识和农民接受程度呈现"双提高"，加上四川还落实省级资金 2.475 亿元，按照 50 元/亩的补贴标准，支持 495 万亩大豆玉米带状复合种植示范推广，各地生产积极性、主动性好于 2023 年（表 5-10）。

表 5-10 各省（区、市）承担的大豆玉米带状复合种植任务　　单位：万亩

地区		2022 年下达的任务	2022 年实际完成	2023 年下达的任务	2023 年实际完成	2024 年下达的任务
黄淮海地区	山东	153	166.5	170	217.7	
	河北	102	105	150		
	河南	100	100.2	153	153	
	陕西	80	80	85		80
	山西	80	85.5	82		82
	安徽	60	60.5	65		
	江苏	60	63.8	110		110

① 资料来源：四川省推广大豆玉米带状复合种植技术已进入第三年 "豆玉"套作播种关键期如何埋下增产伏笔，http://www.moa.gov.cn/xw/qg/202404/t20240423_6454209.htm。
② 新增青海省。
③ 资料来源：大豆玉米带状复合种植指南发布，四川科技报，http://kjb.sckjw.com.cn/1d30138c10ad4978a995ebdc22b6ce35。

(续表)

地区		2022年下达的任务	2022年实际完成	2023年下达的任务	2023年实际完成	2024年下达的任务
西北地区	内蒙古	160	164.5	180		
	宁夏	80	85.5	85		
	甘肃	30	32	35		
	青海	—	—	—	—	5
西南地区	四川	310	377.6	495	523.8	495
	贵州	110	110	120		120
	湖南	100	106	106	110.4	
	湖北	—	—	30	35	
	云南	50	50.08	70	72.9	
	重庆	20	21	50	54	50
	广西	20	20	20		
合计		1 515	1 628.18	2 006		

数据来源：根据各省（区、市）政府网站相关报道整理。

也有一些地方玉米减产较多，宁夏固原市彭阳县对全县54个带状复合种植点位实测结果显示，玉米亩产459.5公斤，较净作玉米亩均减产153公斤，大豆亩产44.6公斤，带状复合种植亩均纯收入较净作玉米亩均纯收入减少149.5元。主要原因，一是受当地种植习惯影响，大豆玉米种植密度均未达到彭阳县制定的带状复合种植技术标准。二是大面积新引进的三个大豆品种结荚少、生育期短、抗旱能力不强，产量明显低于彭阳县多年种植的成熟品种，也缺少适合带状复合种植的耐密、紧凑、低秆玉米品种。三是玉米属单子叶禾本科，大豆属双子叶豆科，二者对除草剂选择性不同，带状复合种植亩均除草成本较净作玉米高20元。四是缺乏成熟的窄幅收割机导致90%以上的田块需要人工收获，对劳动力的需求和人工成本明显增加[1]。

---

[1] 资料来源：彭阳县2022年大豆玉米带状复合种植产量情况及效益分析调研报告，http://www.pengyang.gov.cn/xwzx/zwyw/202211/t20221107_3832653.html。

《"十四五"全国种植业发展规划》提出的"到2025年推广大豆玉米带状复合种植面积5 000万亩",从目前的推广情况看还有较大差距。要在总结经验的基础上,组织专家进一步细化优化品种选用、施肥除草、病虫防治、成熟收获等关键环节,不断补齐短板。

(3) 开发利用盐碱地

盐碱地是我国重要的后备耕地资源,我国有约15亿亩盐碱地,约5亿亩具有开发利用潜力[①]。传统耕地资源优先用来保障稻谷、小麦、玉米的生产,大豆适应性强、生态效益较好等特点在挖掘盐碱地等非传统耕地资源方面还有较大潜力。

从国际来看,盐碱地治理路径主要有两类:一类是以美国为代表,通过降盐控盐综合治理技术等挖掘盐碱地的价值,即"改地适种";另一类是以澳大利亚为代表,通过选用重度盐碱条件下盐生植物新品种挖掘盐碱地的价值,即"改种适地"。我国早期的盐碱地治理以降低土壤盐碱含量为主,虽然取得了阶段性成效,但是严重受当地的水资源禀赋、水利设施建设情况的限制。今后的发展方向是推动由主要治理盐碱地适应作物向更多选育耐盐碱植物适应盐碱地转变,而大豆具有相对耐盐碱优势。

近年来,我国在高产高油的基础上培育耐盐碱大豆品种方面取得重大突破(表5-11)。最具突破性的是,中国科学院遗传与发育生物学研究所田志喜研究员团队自主培育的大豆品种科豆35,具有耐盐性强、抗倒性强、抗病性好、高产稳产等特点,2022年和2023年已连续参加国家黄淮海滨海盐碱组区试,同时2023年参加了国家黄淮海北片生产试验。2022年在东营市黄河口盐碱地上,科豆35 30亩连片示范种实测亩产275.36公斤(实测1.14亩)。2023年,团队在600亩盐碱地开展了大面积示范种植,大面积示范种植亩产约是农户大田亩产的2.1倍,实收测产的地块播

---

① 资料来源:央视网. 唤醒"沉睡"后备耕地资源 稳固保障我国粮食安全, https://news.cctv.com/2023/09/23/ARTIvdhBVTjuvvlvMQNJpzD9230923.shtml。

种时含盐量均在3.5‰~6‰，测产时含盐量均在3‰左右①。

表 5-11 部分耐盐高产大豆品种测产结果

测产时间	测产地点	品种	培育单位	土壤含盐量①	亩产（公斤）	当年全国大豆平均亩产（公斤）
2021年	山东省东营市黄河口镇海宁村	TZX-1736	中国科学院遗传与发育生物学研究所	0.5%	264.8	132.4
		TZX-805		0.5%	263.3	
2021年	山东省东营市垦利区胜坨镇海南村	齐黄34	山东省农业科学院作物研究所	0.3%	302.6	
2022年	山东省东营市	齐黄34		0.3%	329	132
2022年	山东省东营市黄河口镇海宁村	科豆35	中国科学院遗传与发育生物学研究所	0.45%~0.65%	>270	
2022年	吉林省松原市前郭县查干花镇八家子村	东生118	中国科学院东北地理与农业生态研究所	重度盐碱地	150.4	
2022年	江苏省盐城市亭湖区秋益家庭农场		中国农业大学胡树文教授土壤改良团队联合盐城市农业科学院、亭湖区科技镇长团开展"盐碱地治理改良暨大豆作物增产"项目	采用重塑土壤结构高效脱盐技术，改良田含盐量从0.4%降为0.21%	改良田：256.8 未改良对照田：169.6	

数据来源：根据新华日报、科技日报、经济日报、吉林日报等报道整理。

注：①一般来说，土壤含盐量在0.3%以下，可以种普通庄稼；超过0.5%时，只有少数耐盐性强的作物可以种植。

---

① 资料来源：中国科学院遗传与发育生物学研究所. 耐盐大豆品系"科豆35"亩产突破300公斤，http://www.genetics.ac.cn/dtxw/kyjz/202310/t20231009_6893753.html。

2. 提高单产水平的路径

(1) 推广"五良"融合方案将专家产量转化为农民产量、典型产量转化为大田产量

我国农业生产仍是"单技术为主、小面积示范"的传统推广模式，大田生产技术到位率不高，主要粮油作物的单产还有较大提升空间[①]。前面的分析也表明，农户大田单产水平与国内专家试验田及高产典型差距较大。以2022年、2023年大豆玉米带状复合种植高产典型为例，大豆亩产远高于100公斤的设定目标，玉米亩产也远高于全国平均水平（表5-12）。

表5-12 2022年、2023年全国大豆玉米带状复合种植高产竞赛排名前十省区

单位：公斤

年份	省区	地点	种植模式	大豆亩产	玉米亩产	排名
2022	山东	禹城市		165.1	633.8	1
	安徽	太和县		157.0	543.1	2
	江苏	睢宁县		155.0	675.0	3
	山西	翼城县		154.5	604.6	4
	湖南	汨罗市		140.9	486.9	5
	河北	藁城区		139.5	586.1	6
	安徽	蒙城县		139.4	518.6	7
	陕西	武乡县		137.3	511.1	8
	河北	无极县		135.7	697.1	9
	内蒙古	九原区		128.8	802.4	10

[①] 资料来源：农业农村部部署开展全国粮油等主要作物大面积单产提升行动，http://www.moa.gov.cn/jg/leaders/zyd/hd/202304/t20230423_6426124.htm。

(续表)

年份	省区	地点	种植模式	大豆亩产	玉米亩产	排名
2023	四川	遂宁市	套作	207.34	651.1	1
	四川	渠县	套作	206.8	513.5	2
	山东	商河县	间作	189.1	603.95	3
	山东	桓台县	间作	173.4	618.92	4
	山西	翼城县	间作	170.4	528.2	5
	四川	南部县	套作	160.07	512.7	6
	江苏	睢宁县	间作	156.4	627.1	7
	山东	鄄城县	间作	150.1	466.8	8
	安徽	蒙城县	间作	147.8	630.2	9
	河北	辛集市	间作	143.13	638.8	10

数据来源：全国农业技术推广服务中心公布的《关于2022年、2023年全国大豆高产竞赛的通报》。

但是应该认识到，专家试验田及高产典型的亩产水平是在多单位协同创新、多技术集成应用下产生的。例如，四川遂宁市采用夏大豆春玉米带状复合种植技术，大豆玉米行比是3∶2，取得全国大豆玉米带状复合种植高产竞赛排名第一名的成绩，得益于技术落实到位、管理落实到位、农机配套到位。

2023年农业农村部启动全国粮油等主要作物大面积单产提升行动，在大豆、玉米重点县整建制推进，成效初显，整建制推进县粮食单产增长率比非项目县高8.8个百分点，整建制推进县单产提升对粮食增产的贡献率达到73%以上[1]。2024年增加玉米、小麦和油菜整建制推进县持续深入推进大面积提高单产，确定了急抓1年、紧抓3年、续抓5年、长抓10年的路线图。要依托全国粮油等主要作物大面积单产提升行动，在整建制推进县总结出一批大豆、油菜良田、良种、良法、良机、良制"五良"集成组

---

[1] 资料来源：农业农村部新闻办公室. 大面积单产提升行动成效初显 全国粮食产量创历史新高，http://www.moa.gov.cn/ztzl/zyncgzh2023/pd2023/202312/t20231215_6442830.htm。

装的综合性方案，组织专家编制单产提升技术挂图、技术手册和配套视频，组织农技专家主要面向整建制推进县的基层农技人员、农业生产经营主体和农户推广各地主推技术和主要模式抓示范带动，形成"多技术集成、大面积普及"均衡增产的格局；以全国大豆、油菜高产竞赛为契机，筛选出一批可复制、可推广的集成技术模式，辐射带动所在区域大面积均衡增产，通过各类媒体对高产竞赛活动以及涌现出来的典型集中宣传报道，营造争高产、创纪录、树典型的良好氛围。

（2）推动生物育种产业化扩面提速

生物育种是现代生物技术育种的统称，主要包括利用转基因、基因编辑、全基因组选择、合成生物学等技术，对动植物、微生物开展高效、精准、定向改良和品种培育。加快转基因作物的研发和产业化应用是推进生物育种产业化的重要内容。虽然转基因的安全性仍是非常有争议的问题，但早在2013年，我国61位医药、卫生、环境、农业和食品安全领域的两院院士呼吁加大转基因技术研发和产业化应用力度。

实际上，自美国开启转基因作物种植后，后续又有30多个国家和地区批准种植转基因作物，45个国家允许进口转基因产品。截至2023年，全球转基因作物种植面积达到2.063亿公顷（30.9亿亩），是1996年的121倍，占全球15亿公顷耕地的约13%。1996—2023年，全球累计种植转基因作物已超过400亿亩，以转基因大豆、玉米为主。美国玉米、大豆、棉花、甜菜等主要农作物转基因的种植面积已超过90%。美国和巴西推动转基因大豆种植后，平均产量基本上是中国的两倍。

习近平总书记在2020年12月16日召开的中央经济工作会议上指出，"要在尊重科学、严格监管的前提下，有序推进生物育种产业化应用。"在12月28日召开的中央农村工作会议上，习近平总书记再次强调，"耕地就那么多，稳产增产根本出路在科技。以生物技术和信息技术为特征的新一轮农业科技革命正在孕育大的突破，各国都在抢占制高点。作为一个农业大国，我们绝不能落后。"2021年我国启动转基因玉米大豆产业化试点工作，2023年试点范围已扩展到河北、内蒙古、吉林、四川、云南5个省区20个县并在甘肃安排制种。从试点的情况看，与常规品种比较，转基因玉米和大豆在增产节本增效上，总体都有良好表现（表5-13）。

表5-13 转基因玉米、大豆的增产增效和生态效果

项目		效果
防虫害	转基因大豆	喷施一次草甘膦除草效果能够达到95%以上，相当于常规大豆2~3次的除草效果
	转基因玉米	对草地贪夜蛾等害虫防御效果超过90%，最高可达95%
产业竞争力	转基因大豆	比当地的常规品种增产6.2%~10.2%，每亩节约成本60元左右
	转基因玉米	比当地的常规品种增产5.6%~11.6%，每亩节约成本43~80元
高效绿色轻简化种植的方式		减少了虫害草害防治和农事耕作的次数，促进了少免耕平作等轻简化种植方式的推广。转基因玉米、大豆田草甘膦除草，有效解决了常规除草剂的残留问题

资料来源：根据农业农村部科技教育司农业转基因生物安全管理处四级调研员王航在2023年"中国种子大会暨南繁硅谷论坛"上的讲话整理。

2023年12月7日，农业农村部公布了第一批审定通过的51个转基因玉米和大豆品种，意味着转基因玉米、大豆商业化种植的壁垒已经从政策层面被完全打通。转基因安全评价、主要农作物品种审定、种子生产经营许可、农业植物品种命名等规章制度以及相关的标准规范等不断修改完善，为生物育种产业化迈出更坚实的一步保驾护航。

四、本章小结

"开源"端提升国内饲料粮供给能力不外乎就是增加播种面积和提高单产水平两个路径。受我国人多地少基本国情农情的制约，依靠科技发展和政策推动来提高单产水平应是主要路径，但是在增加播种面积方面仍有一定潜力可挖。

大豆和玉米属于同季旱粮作物，种植区域高度重合，种植范围遍布全国，主要分布在东北产区、黄淮海产区和西南产区。然而，有限耕地资源

约束下在主产区特别是东北产区大豆和玉米争地矛盾突出，历史上曾多次表现出播种面积此消彼长的现象。目前，全国粮食播种面积约占耕地总面积的93%，东北产区农作物播种面积占粮食作物播种面积的89.8%，在玉米供给也处于紧平衡的背景下，依靠在传统耕地资源上同时增加玉米、大豆播种面积的潜力十分有限。

挖掘玉米、大豆播种面积增加潜力的路径主要有以下三条。一是通过高标准农田建设，完善农田基础设施、提升耕地质量、改善农业生产条件，从而解决目前大部分耕地仍然存在的抗灾能力不强、耕地质量不高、田块细碎化等问题，增加优质耕地的同时也能提高单产水平；二是在种植模式、耕作制度上想办法，目前主要指推广大豆玉米带状复合种植，通过细化优化品种选用、施肥除草、病虫防治、成熟收获等关键环节，实现《"十四五"全国种植业发展规划》提出的"到2025年推广大豆玉米带状复合种植面积5 000万亩"的目标；三是开发利用盐碱地。盐碱地是我国重要的后备耕地资源，我国盐碱地治理由主要治理盐碱地适应作物向更多选育耐盐碱植物适应盐碱地转变，而大豆具有相对耐盐碱优势，耐盐碱大豆品种培育是关键，目前已取得重大突破。

大豆单产水平最低且提高幅度最小，特别是显著低于竞争作物玉米的单产水平；主产省区之间玉米、大豆单产水平差距较大，可能和种植条件、耕作模式、栽培技术等因素差异较大有关。我国玉米、大豆农户大田平均亩产与世界平均水平和主产地高产水平相比、与国内专家试验田及高产典型相比差距都较大。不同主产省份玉米、大豆农户大田平均亩产水平之间差距也较大。甚至同一种种植模式下，不同地区的高产典型亩产水平之间差距也较大，意味着玉米、大豆农户大田平均亩产水平提高潜力较大。

提高玉米、大豆单产水平的路径主要有以下两条。一是依托全国粮油等主要作物大面积单产提升行动，总结出一批良田、良种、良法、良机、良制"五良"集成组装的综合性方案，加快示范和推广应用。重点是分作物、分区域，强化现有品种技术组装配套和集成创新，主要面向基层农技人员、农业生产经营主体和农户集中推广"五良"集成方案，带动大面积均衡增产。以全国大豆高产竞赛为契机，挖掘一批种植能手和高产典型，筛选一批可复制、可推广的技术模式，以辐射带动所在区域大豆大面积均衡增产。二是推动生物育种产业化扩面提速。我国一直高度重视生物育种产业化发展，坚持把生物育种作为打赢种业翻身仗的关键之举。经过不懈努力，国内生物育种领域基础研究不断突破，生物种业规模和整体竞争力明显提升，一批先进生物育种技术得到广泛应用。但是我国生物育种产业化应用与发达国家相比，仍面临多重挑战。生物育种技术产业化应用作为一项系统性工程，需要种业企业、科研单位、政府部门等多方通力合作，着力在生物育种基础研究、种质资源鉴定共享、种业企业育强与市场系统监管等方面同向而行，协同发力，合力推进。

第六章 "节约"端提升国内市场饲料粮供给能力的路径

我国粮食产量实现持续高位增产的难度加大。与此同时，受生产条件、技术水平、消费意识等影响，我国粮食损失与浪费严重。节粮减损，相当于增加粮食有效供给的一块"无形良田"，为进一步保障国家粮食安全开辟了重要途径。在加强粮食全产业链各环节节约减损的背景下挖掘饲料粮减损潜力是"节约"端提升国内市场饲料粮供给能力的主要路径。

一、粮食损失浪费现状与减损潜力

1. 粮食损失浪费现状

粮食损失浪费是一个全球性的问题，联合国粮食及农业组织发布的《2019年世界粮食及农业状况》统计，全球在收获后到零售前的供应链环节内损失的粮食约占到总产量的14%。每年全球粮食从生产到零售全环节损失约占世界粮食产量的14%。这个损失降低1个百分点，就相当于增产2 700多万吨粮食，够7 000万人吃一年[①]。联合国环境规划署发布的《食物浪费指数报告2024》显示，2022年全球食物浪费总量达10.5亿吨，占消费者可获得食物总量的近1/5，人均浪费食物132千克。哥伦比亚每年浪费约976万吨粮食，仅首都波哥大每年就有130万吨粮食被浪费，与此同

[①] 资料来源：一粒米中的节粮答卷—全社会遏制"舌尖上的浪费"观察，https://m.gmw.cn/baijia/2022-04-30/35702666.html。

时，该国30%的民众面临粮食安全问题。比利时平均每人每年浪费37千克食物，浪费的食物占当地家庭不可回收垃圾的12%，占当地学校和企业不可回收垃圾的23%[①]。近年来，节粮减损在全球各国和众多国际机构都得到广泛关注。2019年联合国粮食及农业组织发布了专题报告《食品和农业状况：推动食品损失浪费减少》。2021年联合国环境规划署出版了《食品浪费指数报告》，研究主要国家粮食损失浪费，探索节粮减损措施。

进入21世纪以来，我国告别了粮食短缺，解决了温饱问题。2020年，进一步消除贫困，进入小康社会。但是，回顾过去，随着收入水平的提高，人们勤俭节约的传统在逐渐淡化，粮食损失浪费一度触目惊心。2018年，中国科学院地理科学与资源研究所和世界自然基金会联合发布的《中国城市餐饮食物浪费报告》初步测算，2015年中国城市餐饮业仅餐桌食物浪费量就在1 700万~1 800万吨，相当于3 000万~5 000万人一年的食物量。即使在农村地区，种粮农民的爱粮节粮意识也在弱化。2016—2017年，中国农业大学经济管理学院武拉平教授研究团队在全国28个省份3 490个农户的调查结果显示，只有33.2%的农户在粮食收获后进行田间捡拾，与20世纪七八十年代形成鲜明对比。2023年12月18日，中国农业科学院发布的《2023年中国食物与营养发展报告》显示，从数量上看，我国食物损耗浪费率约为22.7%，按2021年产量计，共损耗浪费4.6亿吨食物，消费、收获后处理是损失最严重的两个环节，分别达1.58亿吨和1.57亿吨。从营养上看，损耗浪费的食物量可满足1.9亿人1年的营养需求。从经济上看，食物损耗与浪费造成折合经济损失高达1.88万亿元，相当于农业产值的22.3%[②]。

粮食损失浪费主要包括生产、收获、干燥、储藏、运输、加工、销售和消费等八个环节。生产环节主要由播种时种子遗漏或过量用种、干旱洪

---

① 资料来源：新加坡、哥伦比亚、比利时——减少食物浪费 增强节约意识（国际视点），http://paper.people.com.cn/rmrb/html/2024-08/27/nw.D110000renmrb_20240827_1-17.htm。
② 资料来源：《2023年中国食物与营养发展报告》发布，http://www.agri.cn/zx/nyyw/202312/t20231220_8254938.htm。

涝大风等自然气候、病虫侵害等引起，收获环节损失包括收割、脱粒、清粮和田间运输等活动带来的损失，储藏环节损失主要是由于储藏条件不佳或生产经营者疏于管理等因素引起，运输环节损耗指在运输和中转过程中由于设备和环境条件等因素导致的损耗，加工环节损耗指原粮经加工转化为成品的损耗，销售环节损耗是在批发或零售过程中由于储藏条件、经营环境等因素导致的粮食损失浪费，消费环节粮食浪费则是在家庭消费、外出就餐、集团消费以及商业餐饮行业等消费过程中形成的粮食浪费。

对于我国全国范围内涵盖食品供应链各主要环节的大规模粮食损失浪费的调研非常少，多数为某个或某几个环节的小范围的调研。为了全面研究整个产业链的粮食损失浪费，2015年国家粮食和物资储备局设立粮食公益性行业科研专项"粮食产后损失浪费调查及评估技术研究"，该项目调研数据测算结果显示，三大主粮的损失浪费率为20.02%；加工环节损失较大（6.03%），储藏（0.38%）、运输（0.30%）和销售（0.61%）环节损失率相对较低；小麦综合损失率最小（13.38%），水稻综合损失率最大（30.27%）；粮食总损失浪费量（12 170万吨）超过我国两个最大粮食主产省河南和黑龙江2016年三大粮食品种的总产量（11 212万吨），其中，销售和消费环节的粮食浪费量为2 481万吨，其他环节浪费量合计为9 689万吨（表6-1）。

表6-1 我国三种主要粮食品种产后各环节损失浪费情况

环节	收获	农户储粮	干燥	企业储藏	运输	加工	销售	消费	综合
损失浪费率（%）									
粮食	3.94	2.02	4.77	0.38	0.30	6.03	0.61	3.47	20.02
水稻	2.95	2.20	4.91	0.35	0.10	16.79	0.75	3.83	30.27
小麦	3.00	2.19	4.50	1.40	0.40	0.90	0.60	3.01	13.38
玉米	5.20	1.78	4.80	0.40	0.40	0.004	0.50	3.42	15.17
损失浪费数量（万吨）									
粮食	2 394	392	2 901	158	179	3 665	370	2 111	12 170
水稻	623	149	1 036	50	21	3 544	158	808	6 390

(续表)

环节	收获	农户储粮	干燥	企业储藏	运输	加工	销售	消费	综合
小麦	400	93	599	36	53	120	80	401	1 782
玉米	1 371	150	1 265	72	105	1	132	902	3 998

资料来源：中国农业大学经济管理学院武拉平教授研究团队测算结果。

农业农村部食物与营养发展研究所动物食物与营养政策创新团队首次从营养和经济视角对我国食物损耗与浪费情况进行系统分析，并利用不同减损空间的假设，阐明不同品种不同环节的减损潜力。研究发现，从21种营养素损失评估结果看，我国损耗与浪费的食物可为全体居民提供66天的健康饮食，维生素K、铜和维生素C是损失最严重的3种营养素。从经济损失评估结果看，我国食物损耗与浪费造成的经济损失约1.88万亿元，相当于农业产值的1/5[①]。

从粮食生产来看，我国则一直面临着紧平衡，随着气候变化影响日益加剧，资源环境约束日益趋紧，未来持续增产的压力越来越大。因而在抓好生产、重视"开源"的同时，也要特别关注"节约"，特别是在粮食损失浪费相对较大的情况下，坚持节粮减损成为全社会的必然选择。2021年4月29日，《中华人民共和国反食品浪费法》正式颁布实施，反对食物浪费历史性地由道德约束层面上升到国家法律治理层面。这是我国历史上第一部反食物浪费的法律，我国也成为世界上继法国、意大利和日本之后较早对反食物浪费立法的国家。2021年10月31日，中共中央办公厅、国务院办公厅印发了《粮食节约行动方案》，要求突出重点领域和关键环节，强化刚性制度约束，推动粮食全产业链各环节节约减损取得实效，为加快构建更高层次、更高质量、更有效率、更可持续的国家粮食安全保障体系奠定坚实基础。至此，节粮减损问题在我国逐步引起了全社会的关注。

---

① 资料来源：研究揭示我国食物损耗与浪费的营养和经济损失，https://www.caas.cn/xwzx/kyhd/248ec6869c544fa48baea5a3d5f84569.htm。

2. 粮食减损潜力

在粮食生产经营和消费过程中，受自然条件和技术水平等影响，出现一部分损失浪费是难以避免的，因此，在生产实践中粮食损失浪费不可能为零。中国农业大学经济管理学院武拉平教授研究团队以试验数据、其他国家的实践数据、样本中的最低损失率作为标准，同时考虑节粮减损的成本等问题，测算了3种主粮节粮减损幅度。测算结果显示，我国3种主粮的综合减损潜力为7.06%，即损失率可以由实际20.02%控制到12.96%，根据粮食产量折算可以节约粮食4 292万吨，为最初损失量（12 170万吨）的35.26%。其中，收获、干燥、加工、消费环节减损潜力较大，分别为1.73%、2%、1.71%、1.21%，折算分别可以节约粮食1 052万吨、1 216万吨、1 040万吨、736万吨（表6-2）。

表6-2 我国3种主粮减损潜力测算

项目	收获	农户储粮	干燥	企业储藏	运输	加工	销售	消费	综合
实际损失率（%）	3.94	2.02	4.77	0.38	0.30	6.03	0.61	3.47	20.02
实际损失量（万吨）	2 394	392	2 901	158	179	3 665	370	2 111	12 170
目标损失率（%）	2.21	1.53	2.77	0.30	0.22	4.32	0.49	2.26	12.96
减损潜力1：损失率（%）	1.73	0.49	2.00	0.08	0.08	1.71	0.12	1.21	7.06
减损潜力2：损失量（万吨）	1 052	298	1 216	49	49	1 040	73	736	4 292
减损数量占实际损失量之比（%）	43.93	75.99	41.91	30.78	27.17	28.36	19.72	34.84	35.26

资料来源：中国农业大学经济管理学院武拉平教授研究团队测算结果。

2015年9月联合国193个会员国举行第七十届联合国大会，通过了《2030年可持续发展议程》（*Transforming Our World*：*The 2030 Agenda for Sustainable Development*），议程涉及经济、社会和环境等多方面的17个可持续发展目标，新议程于2016年1月1日正式启动。在第12项目标"确保可持续的消费和生产模式"的第 3 款（即目标 12.3），明确提出"到 2030 年，将零售和消费环节的全球人均粮食浪费减半，减少生产和供应环节的粮食损失，包括收获后的损失。"联合国可持续发展目标的基期是 2015 年，即在 15 年内（2016—2030 年）实现各项目标。根据测算结果，消费环节的浪费减少幅度为 34.84%，销售环节为 19.72%，距联合国 2030 年可持续发展目标还有一段距离。

也有其他研究机构对我国粮食减损潜力进行了测算。中国农业科学院和国际食物政策研究所联合发布的《中国农业产业发展报告 2023》测算显示，稻谷、小麦和玉米的全产业链损失率分别为 26.2%、16.7% 和 18.1%，其中，收获、储藏、加工和消费环节损失率较高。模拟结果表明，到 2035 年，若通过科技进步、农技推广、全民节粮减损行动等措施，使粮食收获、储藏、加工和消费环节损失率分别减少 1~3 个百分点，收获环节可减损 159 亿斤、储藏环节可减损 446 亿斤、加工环节可减损 260 亿斤、消费环节可减损 213 亿斤，共实现粮食减损 1 078 亿斤。届时，即使粮食产量不增长，也可实现口粮完全自给，玉米自给率提高至 96.8%，相当于粮食减损再造"千亿斤增产行动"。

二、粮食节约减损措施与进展

1. 节约减损措施

粮食产业链前端环节（生产、收获、干燥、储藏、运输、加工）的损失浪费主要是技术落后原因引起的，而末端环节（零售和消费等）的损失浪费更多的是思想意识等人为因素。不同环节粮食损失浪费的主要影响因素不同，节粮减损的具体措施也存在差异（表 6-3）。

表 6-3 分环节主要节粮减损措施

主要环节	节粮减损措施
生产和收获	推进优良品种的培育和推广,加快选育节种宜机品种,强化农机、农艺、品种集成配套,制定和完善主要粮食作物机收减损技术指导规范,加强天气和自然灾害的预警,将农机手培训纳入高素质农民培育工程等
储存	加强农户科学储粮技术培训和服务,将粮食烘干成套设施装备纳入农机新产品补贴试点范围,鼓励新型农业经营主体、粮食企业等为农户提供粮食烘干服务,推进粮食仓储信息化、自动化和智能化等
运输	建设铁路专用线、专用码头、散粮中转及配套设施,健全农村粮食物流服务网络,发展规范化、标准化、信息化散粮运输服务体系,探索应用粮食高效减损物流模式,推动散粮运输设备无缝对接等
加工	推进粮食适度加工,提高粮食加工转化率,提升加工数字化管理水平,推进加工设备智能化改造,有效利用米糠、麸皮、胚芽等加工副产物生产食用产品、功能物质及工业制品,积极推进对玉米等饲料粮的替代等
销售	推进低温冷藏设备和技术的推广应用,加强粮食及其加工品在搬运、存储和展销等过程的管理,加强对连锁超市等销售商的进销存管理,建立食品回收机制,对于临近保质期的食品采取降价促销、厂家回收或捐赠等手段等
消费	加强爱粮节粮宣传,加强餐饮经营者管理(包括学校、机关和其他集体食堂),加强餐饮业浪费的监督管理,减少家庭和个人浪费,积极推进厨余垃圾的资源化特别是饲料化利用等

资料来源:根据中国农业大学经济管理学院武拉平教授研究团队成果整理得出。

《粮食节约行动方案》重点围绕粮食生产、储存、运输、加工、消费等环节存在的损失浪费问题提出,要强化农业生产环节节约减损、加强粮食储存环节减损、加强粮食运输环节减损保障、加快推进粮食加工环节节粮减损、坚决遏制餐饮消费环节浪费,并在以上环节部署了重点任务、提出了针对性举措,针对性举措与表 6-3 存在较多重复,这里只列出重点任务(表 6-4)。其中,与饲料粮节约减损最密切相关的重点环节是加快推进粮食加工环节节粮减损,对应的重点任务包括加强饲料粮减量替代;加强粮食资源综合利用。

表 6-4 重点环节节粮减损重点任务

重点环节	重点任务
强化农业生产环节节约减损	推进农业节约用种;减少田间地头收获损耗

(续表)

重点环节	重点任务
加强粮食储存环节减损	改善粮食产后烘干条件；支持引导农户科学储粮；推进仓储设施节约减损
加强粮食运输环节减损保障	完善运输基础设施和装备；健全农村粮食物流服务网络；开展物流标准化示范
加快推进粮食加工环节节粮减损	提高粮油加工转化率；加强饲料粮减量替代；加强粮食资源综合利用
坚决遏制餐饮消费环节浪费	加强餐饮行业经营行为管理；落实单位食堂反食品浪费管理责任；加强公务活动用餐节约；建立健全学校餐饮节约管理长效机制；减少家庭和个人食品浪费；推进厨余垃圾资源化利用

2. 节约减损进展

根据前面的分析，我国在粮食加工环节损失浪费最严重。相关调查发现，粮食精加工在行业内普遍存在，一些粮食加工企业在加工精度上越来越高，出米率、出粉率越来越低，成为粮食损耗增加的一环。有的企业100斤稻谷仅出30多斤精米，剩下的多为碎米，只能用来作饲料。《粮食节约行动方案》明确提出，要完善适度加工标准，合理确定加工精度等指标，引导消费者逐步走出过度追求"精米白面"的饮食误区，提高粮油出品率；发展全谷物产业，启动"国家全谷物行动计划"。

近年来，粮油产品和技术不断突破创新。在市场方面，糙米、全麦等全谷物产品悄然兴起，消费者要求粮油产品越来越健康；在产业方面，粮油企业由精细加工向适度加工转变，谷物的利用率在升高，被浪费的部分在减少。适度加工模式正在被更多的粮食企业采用，相关的稻米油加工技术已在益海嘉里（哈尔滨）粮油食品工业有限公司、湖北天星粮油股份有限公司等多家大中型企业中推广和应用，累计实现新增产值15.89亿元、新增利润1.07亿元[1]。广州市粮食集团在面粉生产方面，采用先进的长粉路生产工艺，提高面粉出粉率，充分提取小麦可食用部分；在大米生产方

---

[1] 资料来源：我国持续推进全链条节粮减损 黑科技耕好"无形良田"，https://www.cf-sn.cn/news/detail/22/249736.html。

面，根据原粮特点及产品需求，对碾米、筛米、抛光、色选等工序进行优化组合，通过多机轻碾的加工方式对大米进行适度加工，提高大米出米率，并最大限度保持大米营养成分。内蒙古通辽精深加工助力节粮减损，一粒玉米玩转"72变"，除了作饲料、榨油外，还能变成苏氨酸、亮氨酸、甘露糖、硬葡聚糖等120多种高附加值产品。

在粮食仓储环节，"十三五"以来，国家重点研发计划、专项中，实施"现代粮仓绿色储粮科技示范工程"等多个粮食储藏相关科研创新项目，在粮食储藏保质保鲜、虫霉防治和减损降耗关键技术等方面取得新成果。通过新技术应用和粮食仓储规范化管理，国有粮食储备企业储藏周期内综合损失率控制在1%以内。国家粮食和物资储备局在全国推广使用近1 000万套农户科学储粮装具，农户储粮损失由10年前的8%降至2.9%。内蒙古兴安盟的"分散储粮"正在向"集中储粮"转变，2023年节损粮食约4亿斤，相当于省出一个产粮大县①。

收获了粮食，晾晒曾是不少农户的烦心事。截至2023年底，全国已建成5 500多个粮食产后服务中心，实现产粮大县粮食产后服务全覆盖。全国粮食产后服务中心2022年共服务农户1 700多万户，清理粮食1.6亿吨，烘干粮食4 500多万吨，帮助农民减少粮食损失1 200多万吨，相当于当年广东省粮食总产量。山东安排23亿元支持节粮减损等项目建设，充分发挥粮食产后服务中心作用，为农民提供清理、干燥等专业服务，2023年度共处理粮食536.86万吨、节粮减损21.47万吨。河南明确粮食产后服务中心以粮食仓储企业、粮油加工企业和农民合作社为建设主体，确保一个县有2家以上的建设主体。云南建设粮食产后服务中心超60个，直接和间接带动增加农民收入超过1亿元，节粮减损效果明显。内蒙古578个粮食产后服务中心帮助农户及时清理、及时烘干、及时销售收获的粮食，大幅减少了粮食损失。越来越多地方依托粮食产后服务中心等平台大力发展绿色储

---

① 资料来源：全链条节粮减损 耕耘好"无形良田"，http：//nm.people.com.cn/n2/2024/0411/c196667-40806207.html。

粮，粮食仓储广泛应用机械通风、谷物冷却、环流熏蒸、粮情测控"四合一"技术，改善粮仓内部储存环境，减少粮堆局部发热情况。同时，推广氮气、二氧化碳等气调技术，有效杀虫控虫，延缓粮食品质劣变。"四合一"储粮技术在国有粮库被普及应用，大型国有粮食储备企业储藏周期粮食综合损失率控制在1%以内[①]。

在消费环节，多地市场监管部门出台管理办法，推广鼓励餐饮单位提供"小份菜""半份菜"，引导消费者科学消费、合理消费、文明消费，减少"舌尖上的浪费"。内蒙古等地建立起"红黑榜"机制，向社会公布制止餐饮浪费专项行动发现的正反典型，激励各餐饮单位和消费者从自身做起，理性消费、杜绝浪费。一些实体餐饮商家在店内显著位置和餐桌上均张贴或摆放有"不剩菜、不剩饭""选择小份菜"等字样的宣传画、展示牌，饭店服务人员还会特意提示就餐顾客，店内推出了专门的小份菜菜谱，引导顾客理性消费。中国农业科学院农业信息研究所发布的《"小份餐"食物减损减碳评估报告》显示，通过"间接推算法"以及"直接估算法"建立计算模型，估算出平均每单外卖小份菜可减少食物浪费110.23克，由此带来的食物浪费减少比例达53.3%[②]。

三、饲料粮节约减损的路径与重要举措进展

1. 加强饲料粮减量替代

《粮食节约行动方案》中将加强饲料粮减量替代的路径总结为，推广猪鸡饲料中玉米、豆粕减量替代技术，充分挖掘利用杂粮、杂粕、粮食加工副

---

① 资料来源：5 500多个专业化服务中心、1 000万套农户科学储粮装具促进节粮减损——粮食产后"跑冒滴漏"少了，http://paper.people.com.cn/rmrbhwb/html/2024-06/12/content_26063058.htm。

② 资料来源：别让小份菜成"老大难"，http://food.china.com.cn/2024-07/08/content_117296556.htm。

产物等替代资源。改进制油工艺，提高杂粕质量。完善国家饲料原料营养价值数据库，引导饲料企业建立多元化饲料配方结构，推广饲料精准配方技术和精准配制工艺。加快推广低蛋白日粮技术，提高蛋白饲料利用效率，降低豆粕添加比例。增加优质饲草供应，降低牛羊养殖中精饲料用量。

  实践中，以上路径中最主要的是推广猪鸡饲料中玉米、豆粕减量替代技术。随着我国规模化养殖量越来越大，玉米豆粕型饲料用量也越来越大。早在2005年，就有学者认为这种局面难以持续，可能会影响我国畜牧业可持续发展，开始做低蛋白日粮的研究，国内一些大型养殖和饲料企业也在探索尝试低蛋白日粮配方。近年来，我国玉米供给趋紧，大豆进口量居高不下，玉米、大豆价格持续上涨，多元配方、少用玉米豆粕、降低风险成为饲料行业共识。2020年9月，国务院发布的《关于促进畜牧高质量发展的意见》，明确提出"要健全饲草料供应体系，调整优化饲料配方结构，促进玉米、豆粕减量替代"，同年，农业农村部成立全国动物营养指导委员会，组织构建我国自主的饲料原料营养价值数据库，标志着饲料行业从长期依赖国外数据向构建本土基础数据的重大转变。2021年3月15日，农业农村部畜牧兽医局发布关于推进玉米豆粕减量替代工作的通知，重点下达了《饲料中玉米豆粕减量替代工作方案》，方案重点要求推进用谷物和杂粕对饲料中玉米豆粕实现减量替代，并组织全国饲料领军企业和三十强企业向全行业发出"推进玉米豆粕减量替代，共同维护饲料行业粮食供给安全"的倡议；同年4月，农业农村部发布了《猪鸡饲料玉米豆粕减量替代技术方案》，引导行业应用低蛋白日粮和玉米豆粕减量替代技术方案。经测算，该技术方案全面推广实施后，每年可望减少玉米用量4 500万吨、豆粕用量1 200万吨[①]。加强饲料粮减量替代是加快推进粮食加工环节节粮减损部分的一项重要内容，玉米豆粕减量替代技术也被列入农业农村部的农业主推技术。

---

  ① 资料来源：推动饲料配方多元化　确保饲料粮有效供给，农民日报，https://szb.farmer.com.cn/2021/20210508/20210508_006/20210508_006_1.htm。

一系列政策出台促进了饲料配方结构趋向多元化。据中国饲料工业协会统计，2021 年，全国饲料生产企业的玉米用量比 2020 年下降 24.7%，在配合饲料中的比例比 2020 年减少 15.3 个百分点，小麦、稻谷、大麦、高粱等谷物原粮和麦麸、米糠等粮食加工副产物用量增加较快；豆粕用量比 2020 年增加 5.7%，但远小于工业饲料总产量 16.1% 的增幅，在配合饲料和浓缩饲料中的比例比 2020 年减少 1.4 个百分点，菜粕、棉籽粕等其他饼粕用量增长 17.9%；2022 年，全国饲料生产企业的玉米用量比 2021 年增加 30.1%，在配合饲料中的比例比 2021 年提高 7.0 个百分点。菜粕、棉籽粕等杂粕用量增长 11.5%，在配合饲料和浓缩饲料中的比例比 2021 年提高 0.3 个百分点。小麦、大麦用量大幅减少，高粱用量大幅增加，麦麸、米糠、干酒精糟（DDGS）等加工副产品用量较快增加；2023 年，全国饲料生产企业的玉米用量比 2022 年增加 7.0%，在配合饲料中的比例与 2022 年持平。豆粕用量比 2022 年下降 11.8%，在配合饲料和浓缩饲料中的比例较 2022 年下降 2.6 个百分点，菜粕、棉籽粕等其他饼粕用量增长 7.8%。小麦、大麦用量大幅增加，稻谷、高粱用量减少。

我国玉米供给是紧平衡，国内替代资源相对较多，主要风险在豆粕。饲用豆粕几乎全部依靠进口大豆，过高的进口依存度和过于集中的进口来源，使豆粕在供应与价格上存在着诸多不确定性，特别是当前地缘政治风险、极端气候灾害、供应链不畅等不利因素交织叠加，大豆进口有很大的不确定性。推进饲用豆粕减量替代是推进饲料中玉米豆粕减量替代的突破口，技术路径主要是推广低蛋白日粮技术①、挖掘利用国内蛋白饲料资源和增加优质饲草供应。2023 年中央一号文件明确要求，"深入实施饲用豆粕减量替代行动"。2023 年 4 月，农业农村部印发《饲用豆粕减量替代三年行动方案》，提出在确保畜禽生产效率保持稳定的前提下，力争饲料中豆粕用量占比每年下降 0.5 个百分点以上，到 2025 年饲料中豆粕用量占比

---

① 在不影响动物生产性能和产品品质的条件下，通过添加适宜种类和数量的工业氨基酸，降低日粮蛋白质水平（减少豆粕用量）、减少氮排放的日粮。

从 2022 年的 14.5%下降至 13%以下。此前中国饲料工业协会首先更新了《仔猪、生长育肥猪配合饲料》《蛋鸡、肉鸡配合饲料》团体标准，将猪配合饲料中的蛋白水平推荐量下调 1.5%，禽类下调 1%，之后团标上升为国标。《猪鸡饲料玉米豆粕减量替代技术方案》明确在猪饲料中豆粕减量 5%~10%，在肉鸡饲料中豆粕减量 15%。2023 年 6 月 25 日，《蛋鸡低蛋白低豆粕多元化日粮生产技术规范》团体标准正式实施，标志着我国蛋鸡饲料豆粕减量替代标准化工作进入了新阶段。

国内大型饲料养殖企业较早意识到饲料配方结构中豆粕占比过高带来的风险问题，节本增效、绿色低碳驱动下未雨绸缪积极开展豆粕减量替代，部分企业在实践中已经探索出成功的技术路径，通过应用这些技术在 2021 年时豆粕用量占比就显著低于行业平均水平和传统玉米豆粕型日粮配方中豆粕用量占比（表 6-5 和表 6-6）。温氏食品集团股份有限公司在 2022 年技术上就已经实现了鸡、猪、鸭饲料无豆粕配方[①]。近几年通过持续加强研发投入等举措，大型饲料养殖企业的豆粕用量占比进一步降低。以生猪养殖行业的龙头企业牧原食品股份有限公司为例，豆粕用量占比降低至 2023 年的 5.7%，远低于行业平均水平 13%[②]。

表 6-5 典型大型饲料养殖企业豆粕减量替代情况

典型案例	技术模式	2021 年			
		配合饲料产量（万吨）	豆粕平均用量占比（%）	比行业平均水平低（百分点）	相当于减少豆粕用量（万吨）
牧原食品股份有限公司	生猪低蛋白日粮应用	1 580	6.9	8.4	130
温氏食品集团股份有限公司	利用仿生技术开展饲料精准配方应用	1 150	7.4	7.9	90

① 资料来源："一减一替"推进豆粕减量替代，http://journal.crnews.net/ncgztxcs/2022/dsjq/tbbd/950706_20221101011851.html。

② 资料来源：河南日报. 科技助力生猪产业逐"绿"而行，https://newpaper.dahe.cn/hnrb/html/2024-05/07/content_349_1665240.htm。

(续表)

典型案例	技术模式	2021年			
		配合饲料产量（万吨）	豆粕平均用量占比（%）	比行业平均水平低（百分点）	相当于减少豆粕用量（万吨）
新希望六和股份有限公司	猪禽多元化日粮应用	1 960	10.7	4.6	90
广东海大集团股份有限公司	杂粮杂粕类原料高效利用	1 400	12	3.3	46
北京大北农科技集团股份有限公司	饲料原料高效处理利用	500	10	5.3	27
禾丰食品股份有限公司	饲料精准配方高效加工应用	220	9.5	5.8	13

资料来源：农业农村部办公厅关于公布饲料中豆粕减量替代典型案例的通知，http://www.moa.gov.cn/zxfile/reader?file=http://www.moa.gov.cn/govpublic/xmsyj/202209/P020220920-304136437534.ofd。

表6-6　典型企业低蛋白日粮技术应用情况

典型企业	应用领域	2021年饲料产量及覆盖范围	低蛋白日粮配方中豆粕用量占比	传统玉米豆粕型日粮配方中豆粕用量占比
牧原食品股份有限公司	全年推行低蛋白低豆粕日粮	1 587万吨，覆盖生猪超过4 000万头	9.8%	
温氏食品集团股份有限公司	在猪、鸡、鸭饲料中全面推广应用低蛋白低豆粕自产饲料	1 300万吨，覆盖生猪1 321万头、鸡11.01亿只、鸭5 643万只	平均：8% 猪饲料：5% 肉鸡饲料：10%	15%~20%
通威股份有限公司	最早在水产饲料行业研发推行豆粕减量替代技术	外销300万吨+20多万亩水面自用量	下降10%~20%	

资料来源：根据《农民日报》2022年5月5日发表的3篇文章整理。牧原：低蛋白日粮实现营养精准供给，https://szb.farmer.com.cn/2022/20220505/20220505_006/20220505_006_5.htm。温氏：两种技术带来最低造肉成本，https://szb.farmer.com.cn/2022/20220505/20220505_006/20220505_006_6.htm。通威：低豆粕水产饲料养殖效果不降反升，https://szb.farmer.com.cn/2022/20220505/20220505_006/20220505_006_7.htm。

降低饲用玉米使用量主要通过丰富饲用谷物品种来源，关键取决于玉米和其他饲用谷物的比价关系及供应是否稳定。据调研了解，当小麦、大麦、高粱等比玉米价格每吨低 100~200 元时，可在不降低品质、不增加生产成本的条件下部分替代玉米加工饲料；大力推广低蛋白日粮技术是减少豆粕饲用需求的主要途径之一，关键取决于企业和养殖户对该技术的应用和认识水平。目前国内较大规模自产自用一体化养殖企业基本用上了低蛋白日粮技术，但是也有不少中小规模养殖场和养殖户反映，减少玉米豆粕后生猪明显长得慢且肉质不好，还普遍存在认为玉米豆粕用量越多饲料质量越好的错误认识，推进玉米豆粕减量替代过程中要重点关注这部分养殖场和养殖户。

2. 优化居民食物营养结构

据《中国心血管健康与疾病报告 2021》及相关统计，我国成人超重、肥胖率分别达到 34.3%、16.4%，成人糖尿病患者人数达 1.41 亿人，高血压人数已达到 2.45 亿人，心血管病现患病人数 3.3 亿人。我国食物消费结构不合理主要体现在三个方面：一是主食消费以精加工谷物为主，全谷物、杂粮消费不足。二是动物产品中红肉消费偏多，低脂且营养价值更高的禽肉、奶类和水产品消费明显不足。三是蔬菜、水果、大豆消费尚未达标，明显低于营养推荐量①。

由农业农村部食物与营养发展研究所编写的《2023 年中国食物与营养发展报告》指出，2022 年我国居民的营养供给持续改善，能量、蛋白质及脂肪供给总体超过世界平均水平，但脂肪摄入过多，膳食脂肪供能比持续上升，农村首次突破 30% 推荐上限。脂肪可提供能量和必需脂肪酸等，是人体重要营养素之一，烹调油（食用植物油的食用消费）是主要来源。但是长期过量摄入脂肪会导致肥胖，增加血脂异常、动脉粥样硬化等慢性病

---

① 资料来源：多途径开源节流　保障国家食物安全，https：//theory.gmw.cn/2024-03/03/content_37180793.htm。

的发病风险[1]。《中国居民膳食指南（2022）》推荐，成人每人每天食用油摄入量为 25~30 克适宜，按此标准估算每人每年食用油消费量为 9.13~10.95 千克。然而我国城乡居民仅在家庭内人均食用植物油的食用消费量就已接近甚至超过推荐量，农村居民整体上高于城市居民（表6-7）。随着城镇居民在外就餐和农村居民外出务工消费的食用植物油数量逐渐增加，在家庭内和在外就餐合计食用植物油人均消费量已高达 23.2 千克[2]，是推荐量的 1 倍多，这进一步加剧了我国食用植物油供给压力。

表6-7 我国城乡居民人均食用植物油的食用消费量　　　　单位：千克

	城乡居民	2018年	2019年	2020年	2021年	2022年
城镇居民	食用油	9.4	9.2	9.9	10.1	9.4
	其中：食用植物油	8.9	8.7	9.5	9.6	9.0
农村居民	食用油	9.9	9.8	11.0	11.7	10.8
	其中：食用植物油	9.0	9.0	10.2	10.8	10.0

数据来源：国家统计局，https://www.stats.gov.cn/sj/ndsj/2023/indexch.htm。

《中国农业产业发展报告2024》显示，尽管当前中国居民食物消费正由主食型向"粮肉菜果鱼"多元化消费模式转变，膳食结构将更加注重营养健康。但是随着人均GDP提高，居民膳食持续升级，未来我国将大幅增加动物性食品和油脂类需求，主食需求明显下降，肉类食用需求总量将突破1亿吨。因此，通过优化居民食物营养结构，特别是引导居民减少动物产品中红肉消费（尤其是猪肉消费）、食用油消费（大豆是我国消费量最大的食用油品种），也是节约饲料粮消费的重要途径，具有很大潜力。

我国各地区的资源禀赋不同，食物消费习惯存在显著差异。自1989年以来，国家卫生健康委员会已先后发布5版《中国居民膳食指南》，最新

---

[1] 资料来源：食品安全标准与监测评估司国民营养健康指导委员会办公室关于印发"减油、增豆、加奶"核心信息的通知，http://www.nhc.gov.cn/sps/s7886t/202404/a8217485c07548049c-2040c3f003b071.shtml。

[2] 资料来源：《中国农业展望报告（2023—2032）》。

一版为2022年，用于指导居民膳食消费。但是，这些指南都仅为全国层面，缺乏分地区的膳食指南。未来，应充分考虑当地资源条件和挖掘当地食材，尊重地区传统饮食文化，依据不同人群的营养需求特点，尤其是儿童、孕妇和老年人的饮食差异，制定分区域分人群的可持续健康膳食模式，引导不同地区、不同人群居民调整食物消费结构。通过公众教育、普及健康膳食知识等方式提高居民健康素养，适当增加全谷物、水果和豆类的消费，同时减少对精制谷物和红肉的过量消费，减少食物浪费，减轻水土资源压力和减少温室气体排放（樊胜根 等，2023）。

我国早在2012年9月1日第六个全民健康生活方式行动日就推出"减盐控油全民行动"。党的十九大作出实施健康中国战略的重大决策部署，随后发布的《"健康中国2030"规划纲要》《国民营养计划（2017—2030年）》《国务院关于实施健康中国行动的意见》等都将"减油"作为引导合理膳食的重要内容。针对我国居民烹调油平均摄入量远超推荐量的突出情况，着力减少食用油消费成为目前推进国民营养计划和健康中国合理膳食行动的首要任务。从我国居民烹调油平均摄入量和推荐量的差距看，"减油"潜力很大，但是引导居民形成合理的膳食结构是一个较长期的过程。

四、本章小结

我国粮食生产受到资源环境制约，增产难度越来越大。我国是世界上最大的粮食生产国和消费国，收获、储藏、加工、消费等各个环节均存在"跑冒滴漏"现象，粮食损失浪费严重。从学者和相关机构测算结果来看，全链条节粮减损潜力较大。近年来，粮油产品和技术不断突破创新，各个环节节粮减损取得明显成效，适度加工模式正在被更多的粮食企业采用；国家粮食和物资储备局在全国推广使用近1 000万套农户科学储粮装具，农户储粮损失由10年前的8%降至2.9%；全国已建成5 500多个粮食产后服务中心，实现产粮大县粮食产后服务全覆盖；多地市场监管部门出台管理办法，推广鼓励餐饮单位提供"小份菜""半份菜"，减少"舌尖上的浪费"。

我国在粮食加工环节损失浪费最严重，与饲料粮的节约减损最密切相关的是重点环节也是粮食加工环节，主要路径是加强饲料粮减量替代。近年来，我国大豆进口量居高不下，玉米供给趋紧，多元配方、降低饲料中玉米豆粕用量成为饲料行业共识。玉米的国内替代资源相对较多，主要风险在豆粕，推进饲用豆粕减量替代是推进饲料中玉米豆粕减量替代的突破口。实践表明，得益于技术创新引导饲料养殖行业减少豆粕用量取得阶段性成效，国内较大规模自产自用一体化养殖企业基本用上了低蛋白低豆粕日粮技术，中等规模使用自配料的养殖场也大部分应用了这项技术，豆粕用量在配合饲料和浓缩饲料中的比例持续下降，饲料配方结构趋向多元化。从大型饲料养殖企业的豆粕用量占比和行业平均水平的差距看，减少豆粕的饲用消费仍有较大潜力。下一步应着重解决如何引导中小饲料养殖企业和广大养殖场（户）转变饲料的蛋白含量越高越好、颜色越黄越好的错误观念，并向他们推广普及豆粕减量替代技术。

推动饲料粮节约减损的另一条主要路径是优化居民食物营养结构。尽管近年来我国居民的总体营养健康状况持续改善，但是不健康的生活方式仍然普遍存在、食物消费结构仍然不合理，突出表现为动物产品中红肉消费偏多、居民脂肪摄入过多，膳食脂肪供能比持续上升，由此引起的居民超重肥胖问题不断凸显，慢性病的患病与发病仍呈上升趋势。因此，通过引导居民合理膳食，特别是减少动物产品中红肉消费、食用油消费来推动饲料粮节约减损有较大潜力，但是引导居民形成合理的膳食结构是一个较长期、复杂的过程。

第七章 "进口"端提升饲料粮供给能力的路径

我国已进入以制度型开放为标志的高水平对外开放的新阶段,以大豆、玉米为代表的饲料原料是当前和今后一个时期我国进口依赖度最高的粮食品种,适度进口饲料粮可以将有限的国内资源用于保障口粮的自给,是我国粮食安全战略的重要一环。但是,近年来经贸等领域摩擦加剧,增加了农业对外合作的不确定性,需要多元化进口布局的同时提升对国际粮源的控制力。

一、农业对外开放形势与挑战

1. 农产品贸易形势

农产品贸易是我国"三农"工作尤其是农业对外合作的重要组成部分。回顾我国农业对外贸易发展历程,经历了由高度计划管理到高水平对外开放的历史变革。

加入世界贸易组织,是我国农业对外开放的新起点,开启了我国农业加速融入国际市场的新阶段。入世后,我国切实履行农业开放承诺,农产品关税由23.2%降至15.2%,约为世界农产品平均关税的1/4,是世界农产品关税水平最低的国家之一。与此同时,我国对农产品补贴实行严格的上限约束,特定产品"黄箱"补贴不得超过该产品产值的8.5%,非特定产品"黄箱"补贴不得超过农业总产值的8.5%;取消一切形式的农产品出口补贴；对于大宗农产品的进口，改变原有的绝对配额管理为关税配额管理。随着农业对外开放水平的不断提升，我国农产品贸易在规模、产品结构、业态和伙伴方面都发生了巨大的变化①。

贸易规模大幅增加、逆差稳步扩大。2001—2023年，我国农产品贸易额由278亿美元增加至3 330亿美元，年均增速12%。其中，出口额由160亿美元增加至989亿美元，年均增速8.6%；进口额由118亿美元增至2 341亿美元，年均增速14.5%。进口增速明显高于出口，使得自2004年起我国农产品贸易由长期顺差转为逆差且稳步扩大，2004—2023年，我国农产品贸易逆差由49亿美元增加至1 352亿美元，年均增速19.1%。党的十八大以来，我国农业贸易进入全方位开放新阶段。2012—2023年，我国农产品贸易额由1 758亿美元增加至3 330亿美元，年均增速6%。其中，出口额由633亿美元增加至989亿美元，年均增速4.1%；进口额由1 125亿美元增至2 341亿美元，年均增速6.9%，逆差由492亿美元增加至1 352亿美元，年均增速9.6%（图7-1）。

随着贸易规模大幅增加，农产品贸易在国际市场中的份额也不断提高。农产品贸易额占全球比重由2001年的3%提高至2021年的14.2%，排名由第十一位上升至第二位，仅次于美国。从出口看，我国是全球第五大农产品出口国，2021年农产品出口额占世界的4%，苹果、大蒜、生姜、茶叶等农产品出口居全球首位。从进口看，我国是全球第一大农产品进口国，2021年农产品进口额占世界的10.2%，是粮食、棉花、肉类等农产品的全球最大买家。

贸易产品种类日益丰富、结构相对稳定、进口来源地相对集中。进口方面，2012—2023年，食用油籽、畜产品的进口额始终占较高份额，水果、水产品、谷物进口额占比总体呈上升趋势。此外，大量高端和新奇特农产品也漂洋过海，满足了人民对美好生活的向往。例如，澳大利亚的奇

---

① 资料来源：这20年，我国农业贸易奏响"开放共赢"华丽乐章. 中国贸易新闻网，https://www.chinatradenews.com.cn/content/202312/11/c154091.html。

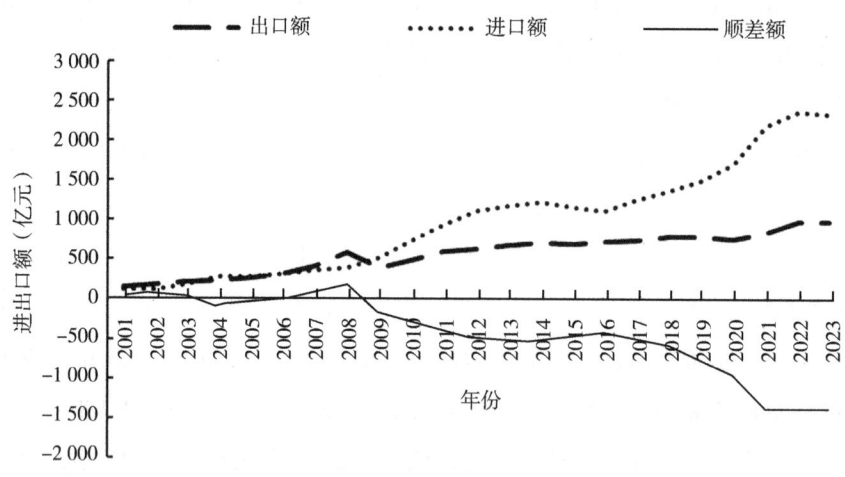

图 7-1　2000—2023 年我国农产品进出口额变化

数据来源：农业农村部。

异果、智利的车厘子、秘鲁的蓝莓、厄瓜多尔的香蕉和白虾、乌拉圭的牛肉等。出口方面，2012—2023 年，水产品、蔬菜的出口额始终占较高份额，水果、畜产品的出口额也占一定份额，茶叶、中药材和花卉等特色优质农产品出口稳步增长。人多地少的资源禀赋状况决定了我国农业在土地密集型产品上缺乏优势，而在劳动密集型产品上具有较强国际竞争力，水产品、蔬菜、水果都是典型的劳动密集型产品（表 7-1）。2023 年，我国农产品前十大进口来源地进口额占农产品进口总额的 72.3%。巴西是我国农产品第一大进口来源地，进口额 585.8 亿美元，占农产品进口总额的 25%。第二大进口来源地是美国，进口额 328.9 亿美元，占农产品进口总额的 14.1%。排名第三位的是泰国，进口额 131.6 亿美元，占农产品进口总额的 5.6%；我国农产品前十大出口市场出口额占农产品出口总额的 62%。中国香港地区位列出口市场首位，出口额 109.8 亿美元，占农产品出口总额的 11.1%。日本和美国分列第二和第三位，其中，对日农产品出口额 101.6 亿美元，占农产品出口总额的 10.3%，对美农产品出口额

100.9亿美元,占农产品出口总额的10.2%[①]。

表7-1 我国农产品贸易结构变化

项目		2012年	2019年	2023年
进口额占比 (%)	食用油籽	33.6	25.4	28.6
	食用植物油	9.6	4.9	4.6
	畜产品	13.2	24.0	19.3
	谷物	4.3	3.5	8.9
	水果	3.3	6.9	7.8
	水产品	7.1	12.4	10.1
	棉花	10.7	2.4	1.8
	食糖	2.0	0.7	1.0
	合计	83.8	80.2	82.1
出口额占比 (%)	水产品	30.0	26.1	20.7
	水果	9.8	9.4	7.1
	蔬菜	15.8	19.6	18.7
	畜产品	10.2	8.2	6.1
	食用油籽	2.7	2.1	1.9
	谷物	1.0	1.6	1.2
	合计	69.4	67.1	55.8

数据来源:农业农村部。

贸易业态和贸易伙伴更加丰富多元。近年来,跨境电商、海外仓、外贸综合服务企业等农产品贸易新业态新模式不断涌现,持续释放我国农产品贸易增长新动能。过去5年,我国跨境电商贸易规模增长超过10倍。2022年,我国农产品跨境电商贸易额81亿美元,同比增长25.9%。其中,出口12.1亿美元,同比增长153%;进口68.9亿美元,增长15.7%。这与政策的支持和激励分不开,2024年6月,商务部等9部门联合印发《关于

[①] 资料来源:2023年中国农产品贸易概况,https://mp.weixin.qq.com/s?__biz=MzI1NTE-1MDQ3OA==&mid=2652317080&idx=7&sn=6c14d566721b578469ca65289aace420&chksm=f0570e2-672404ec7bccdcab59187625536265f0301d4a298c68cea3dbfe129f6ffeb8bfa83a5&scene=27。

拓展跨境电商出口推进海外仓建设的意见》，鼓励各地积极培育跨境电商经营主体，带动更多企业利用跨境电商参与国际贸易。与此同时，我国农产品贸易伙伴也更加多元，与我国有农产品贸易往来的国家和地区由2001年的198个扩增至2022年的218个，其中，进口伙伴189个，出口伙伴212个。2023年海关新增准许51个国家和地区146种次优质农食产品进口。我国已与26个国家和地区达成19个自贸协定，正在与28个国家进行13个自贸区谈判或升级谈判，与9个国家进行自贸区联合可行性研究或升级研究。

2. 当前农业对外合作面临的挑战

（1）全球农产品贸易政治、外交属性不断增强

当今世界，百年未有之大变局正在加速演进，农产品贸易在各国政治外交中的地位和作用不断提升，农产品贸易的政治性、经济性和外交性叠加效应日趋明显。这突出体现在当前美俄、俄欧、俄乌等国家和地区的各种政治经济斗争之中。由于农业的基础性战略性地位和农产品鲜活易腐的特征，农产品贸易将在日趋复杂的国际关系中发挥更加重要和独特的作用[①]。

我国稳居世界第二大经济体，在多领域发挥重要的国际话语权和影响力，但也因此被以美国为代表的一些国家视为主要竞争对手和打压对象。西方社会舆论对我国发展评价的口径是：贫困落后论（封锁打压我国）—回归论（要求我国接受西方的意识形态和社会制度）—威胁论（制造反华舆论，营造不利于我国发展的国际环境）—责任论（不切实际地要求我国更多地承担国际责任，遏制中国的发展空间）。不论哪种态度和说辞，其实质都是企图遏制打压我国的发展，维持西方霸权。2023年12月，中国贸促会经贸摩擦法律顾问委员会编写的趋势监测指数显示，在涉华经贸摩

---

① 资料来源：我国农产品贸易现状、问题与对策，http：//www.rmlt.com.cn/2023/0302/667206.shtml。

擦方面，19个国家（地区）涉华经贸摩擦指数为1 426，处于高位，其中，美国最高，其次是土耳其，欧盟排名第三。

中国和美国之间的贸易摩擦近年来更是愈演愈烈。2018年3月23日，美国开始加征钢铁、铝制造产品的关税，中美贸易摩擦正式开始。在这之后，美中两国之间的贸易摩擦不断升级，截至2019年12月初，美国的关税清单几乎已经覆盖了所有中国对美出口的商品；为了应对美国的贸易保护和霸权行为，中国在农产品贸易领域展开相关反制措施，将美国的大豆、谷物、猪肉等农产品列为重点的加征关税对象。直到2019年12月13日，中美两国终于达成第一阶段经贸协议：中国在知识产权保护、市场开放、技术转让、汇率透明、扩大自美进口等方面做出让步，并承诺在2017年的贸易基数上，于2020年、2021年共增加自美进口农产品的额度320亿美元；而美国则分阶段取消对中国的关税政策，减少贸易争端。中美两国都是世界范围内的农产品生产和消费大国，同时具有较强的互补性，长期以来保持着良好的贸易关系。而今中美第一阶段经贸协议签署的两年时间已经结束，事实上协议的进展并不顺利，中美双方仍存有一定分歧。可以预见，中美之间的贸易摩擦持久且不可逆转，其必然会冲击双方国内乃至全球农产品市场的稳定性（李裕鸿 等，2024）。

中国和澳大利亚的关系在2020年前后出现波折。此前，澳大利亚前总理莫里森多次无端指责中国商品在澳大利亚进行所谓的"倾销战略"，甚至一度阻挠澳大利亚与中国之间的正常商贸活动，包括煤炭、铁矿石以及部分农产品的对华出口都受到了较大的影响。2020年5月18日，商务部发布2020年第14号和第15号公告，公布对原产于澳大利亚的进口大麦反倾销调查和反补贴调查的最终裁定，裁定原产于澳大利亚的进口大麦存在倾销和补贴，国内产业受到了实质损害，且倾销和补贴与实质损害之间存在因果关系，决定自2020年5月19日起对上述产品征收反倾销税和反补贴税，反倾销税率为73.6%，反补贴税率为6.9%，征收期限为5年。2020年7月，中国酒业协会正式向中华人民共和国商务部提交关于对原产于澳大利亚进口葡萄酒的反补贴调查申请;同年8月,商务部正式立案。2021年3月,商务部最终认定:原产于澳大利亚的进口相关葡萄酒存在倾销,并对2升及以下容器的澳大利亚葡萄酒征收116.2%至218.4%的关税,直至2026年3月,持续5年。

(2)国际农产品市场价格的波动成因更加复杂

粮食价格形成是一个系统事件,既遵循由供求基本面决定的一般规律,又受自然灾害、突发事件、地缘政治、贸易政策、宏观经济和能源市场状况等冲击。1964—2022年近60年间,国际粮食价格经历了6次典型的大幅上涨,分别为1972—1974年、1977—1981年、1994—1996年、2006—2008年、2010—2012年和2020—2022年,不同时期呈现出不同特征,波动周期和驱动因素也存在一定差异(表7-2)。

其中,2020—2022年,国际粮食价格波动的驱动因素最复杂,一是极端天气导致全球粮食减产。美国农业部PSD数据显示,2018—2022年全球玉米有4年产不足需,小麦有3年产不足需。二是地缘政治和疫情引发部分国家限制粮食出口,导致供应链受阻引发价格波动。特别是俄乌冲突爆发后,包括阿根廷、印度等主要粮油出口国全球有20多个国家实施粮食出口限令。三是宽松货币政策导致美元贬值,以美元计价的大宗商品价格上涨叠加投机资本炒作粮食市场,带动粮食价格上涨。四是石油价格上涨导致粮食生产成本增加。受宽松货币政策和俄乌冲突影响,2020年6月至2021年3月,国际石油价格上涨162%,其间国际化肥价格指数暴涨234%。

表7-2 国际粮价6次典型大幅上涨特征及原因

时期	持续时间	波动幅度	波动原因
1972年2月至1974年2月	24个月	国际谷物价格上涨242%;大米(436%)、小麦(268%)、玉米(193%)、大豆(270%)	自然灾害导致粮食减产,战争引发石油价格上涨

(续表)

时期	持续时间	波动幅度	波动原因
1977年9月至1981年4月	44个月	国际谷物价格上涨87%；大米（100%）、小麦（95%）、玉米（90%）、大豆（79%）	极端气候导致全球粮食减产，战争引发油价上涨，宽松货币政策冲击粮食市场
1994年8月至1996年5月	22个月	国际谷物价格上涨79%；大米（52%）、小麦（80%）、玉米（113%）、大豆（40%）	农业协议导致全球粮食减产，石油上涨抬高粮价"地板"
2006年9月至2008年4月	20个月	国际谷物价格上涨122%；大米（193%）、小麦（124%）、玉米（136%）、大豆（147%）	极端天气导致粮食减产，石油价格上涨拉动粮价，贸易保护政策限制粮食出口，宽松货币政策拉高油价和粮价
2010年7月至2012年8月	26个月	国际谷物价格上涨73%；大米（39%）、小麦（83%）、玉米（103%）、大豆（60%）	极端天气导致粮食大面积减产，贸易保护政策限制粮食出口，宽松货币政策拉高油价和粮价
2020年6月至2022年5月	24个月	国际谷物价格上涨90%；大米（7%）、小麦（163%）、玉米（135%）、大豆（99%）	极端天气导致全球粮食减产，贸易保护政策限制粮食出口，新冠疫情和俄乌战争阻碍粮食流通和贸易，俄乌战争拉高油价和粮价，宽松货币政策拉高油价和粮价

数据来源：世界银行商品市场数据库（Commodity Markets）；曾伟（2023）。

与此同时，全球农产品出口的供给集中度在持续提高，例如，小麦在5个国家的出口占据全球近八成，玉米、大豆在5个国家的出口接近九成。少数跨国企业控制了全球70%以上的粮食贸易。经济合作与发展组织（OECD）的有关研究表明，这种集中度的趋势在今后很长一段时间内都难以转变。这对于我国这样的"缺粮国"而言，面临结构性的隐忧和供应链的隐患。

二、饲料粮进口格局现状

1. 饲料粮进口市场格局

由于我国对进口大麦、进口高粱没有特殊的保护措施，分别只执行 3%、2%的单一关税管理,通常玉米关税配额外进口大麦、进口高粱仍具有一定的价格优势,进口大麦和高粱对玉米进口具有较高的产品替代性,因此在分析我国饲料粮进口问题时进口大麦、高粱也需要重点关注。

我国大豆进口主要来源于美国、巴西和阿根廷,从这三个国家进口的大豆总量占我国大豆总进口量的 95%左右。大豆进口市场格局基本稳定,但是内部结构变化较大,美国已不再是我国进口大豆的首选,2013年之后巴西超过美国成为我国大豆进口第一来源地,进口占比不断增加。2018 年中美爆发贸易摩擦后,为减少对美国进口大豆的依赖,巴西大豆大量进入中国市场,进口自巴西的大豆占我国大豆进口量的份额高达75.1%,2019—2022 年约为 60%,2023 年为 70.4%。此外,近年来我国不断增加从加拿大、俄罗斯等国进口大豆的数量,2023 年,进口自这两国的大豆占我国大豆进口量的份额分别上升至 1.5%、1.3%。目前,我国进口大豆来源国高度集中在巴西和美国,2021—2023 年从这两个国家进口大豆总量占我国大豆总进口量的份额分别为 93.7%、92.1%、94.7%。

2010 年我国首次转为玉米净进口国,进口主要来源于美国和乌克兰,进口市场格局和内部结构都发生了显著变化。2010—2014 年,美国一直是我国进口玉米第一大来源国,我国从美国进口的玉米占比都在 90%以上。2013 年"一带一路"合作倡议提出后,我国自乌克兰进口的玉米逐年增加,2015—2019 年,乌克兰取代美国成为我国进口玉米第一大来源国,从乌克兰进口玉米总量占我国玉米总进口量的份额由 81.4%上升至 86.4%。2020 年中美贸易争端在经过多轮谈判后趋于缓和,加上俄乌冲突爆发后,乌克兰玉米出口受阻,我国自美国进口的玉米呈增长态势,2021 年、2022年,从美国进口玉米总量占我国玉米总进口量的份额分别上升至 69.9%、68.9%,从乌克兰进口玉米总量占我国玉米总进口量的份额分别下降至29.1%、25.4%。2023 年 1 月 7 日,随着第一艘巴西玉米货船到达广东麻涌港，标志着巴西玉米输华走廊正式打通，巴西也一跃成为中国进口玉米的头号来源国，当年从巴西进口玉米总量占我国玉米总进口量的份额猛增至47.2%。

历史上我国大麦进口主要来源于澳大利亚、法国和加拿大，近年来大麦进口市场格局变化较大。澳大利亚曾是我国进口大麦主要来源国。我国于2018年末对原产于澳大利亚的进口大麦先后正式发起反倾销和反补贴的"双反"立案调查，2019年从美国进口大麦总量占我国大麦总进口量的份额下降至39.1%。自2020年5月19日起我国对原产于澳大利亚的进口大麦征收为期5年的73.6%的反倾销税和6.9%的反补贴税，直接导致2020年自澳大利亚进口的大麦占比进一步下降至18.5%，乌克兰取代澳大利亚成为我国进口大麦第一大来源国。2021年、2022年我国没有从澳大利亚进口大麦。国务院关税税则委员会根据商务部的建议作出决定，自2023年8月5日起，终止对原产于澳大利亚的进口大麦征收反倾销税和反补贴税，2023年从澳大利亚进口大麦总量占我国大麦总进口量的份额恢复至13.6%。俄乌冲突以来，从乌克兰进口大麦数量下滑明显。目前，我国进口大麦前三大来源国变成了加拿大、法国和阿根廷，2022年、2023年从这三个国家进口大麦总量占我国大麦总进口量的份额分别为88.7%、70.3%。

2010—2012年，我国年进口高粱不足9万吨，自2014年进口量大幅增加以来美国一直是我国第一大高粱进口来源国，2014—2020年，从美国进口高粱总量占我国高粱总进口量的份额都在70%以上。2019年起从阿根廷进口高粱总量占我国高粱总进口量的份额上升较快，除2020年外都在15%以上，2021年自美国进口的高粱占比下降至69.5%。目前，我国进口高粱前三大来源国变成了美国、阿根廷和澳大利亚，2021—2023年从这三个国家进口高粱总量占我国高粱总进口量的份额都为99.9%（表7-3）。

表 7-3　饲料粮进口市场分布　　　　　　　　　　单位:%

品种	来源国	2010年	2015年	2018年	2019年	2020年	2021年	2022年	2023年
大豆	巴西	33.9	49.1	75.1	65.1	64.2	60.2	59.7	70.4
	美国	43.1	34.8	18.9	19.2	25.9	33.5	32.4	24.3
	阿根廷	20.4	11.6	1.7	9.9	7.5	3.9	4.0	2.0
	加拿大	0.1	0.3	1.0	1.3	0.1	0.3	0.4	1.5
	俄罗斯	0.0	0.1	0.5	0.4	0.3	0.3	0.4	1.3
	合计	97.4	95.5	95.7	94.2	97.6	97.6	96.1	99.5
玉米	巴西	0.0	0.0	0.0	0.0	0.0	0.0	0.0	47.2
	美国	95.5	9.8	8.9	6.6	38.6	69.9	68.9	26.3
	乌克兰	0.0	81.4	83.2	86.4	55.6	29.1	25.4	20.3
	合计	95.5	91.2	92.1	93.0	94.2	99.0	94.3	93.8
大麦	澳大利亚	57.5	40.6	61.3	39.1	18.5	0.0	0.0	13.6
	法国	21.2	41.2	8.4	20.0	21.8	29.2	17.1	31.4
	加拿大	20.5	9.7	24.6	24.6	25.0	28.6	30.1	20.0
	乌克兰	0.0	7.6	5.6	14.7	28.0	25.7	4.3	2.5
	阿根廷	0.0	0.4	0.0	1.1	4.8	13.9	41.5	18.9
	合计	99.2	99.1	99.9	98.4	93.3	83.5	93.0	72.8
高粱	美国	0.0	83.8	88.1	72.3	88.5	69.5	62.4	48.0
	阿根廷	0.0	0.8	0.0	16.8	9.2	19.4	19.6	15.9
	澳大利亚	82.9	15.4	11.8	9.8	2.2	11.0	17.9	36.0
	合计	82.9	100	99.93	98.9	99.9	99.9	99.9	99.9

数据来源:根据 Comtrade 数据库相关数据计算。

2. 饲料粮进口市场的剩余空间

全球饲料粮的生产和出口大国相对稳定,出口大国往往也是生产大国,且在短期内这种格局难以改变,下面以 2023 年为例粗略分析我国饲料粮进口市场的剩余空间。

全球大豆出口国高度集中,我国大豆进口市场有一定的剩余空间。2023 年,全球大豆出口总量为 17 394 万吨,出口到我国的大豆占全球大豆出口总量的60.3%；全球大豆出口量超过1 000万吨的国家有巴西（10 236万吨）和美国（4 872万吨），这两个国家的大豆出口量占全球大豆出口总量的86.9%。全球大豆出口量超过100万吨的国家有巴拉圭（649万吨）、加拿大（447万吨）、乌克兰（349万吨）、尼日利亚（223万吨）、阿根廷（185万吨）；我国从巴西、美国和阿根廷进口的大豆分别占其出口总量的73%、54.6%、93.7%。

全球玉米出口国较集中，我国玉米进口市场的剩余空间较大。2023年，全球玉米出口总量为18 763万吨，出口到我国的玉米占全球玉米出口总量的15%；全球玉米出口量超过2 000万吨的国家有巴西（5 606万吨）、美国（4 594万吨）、乌克兰（2 637万吨）和阿根廷（2 363万吨），这四个国家的玉米出口量占全球玉米出口总量的84%。全球玉米出口量超过100万吨的国家有罗马尼亚（535万吨）、巴拉圭（379万吨）、加拿大（283万吨）、土耳其（267万吨）、塞尔维亚（105万吨）；我国从巴西、美国和乌克兰进口的玉米分别占其出口总量的28.8%、20.6%、12.3%。

全球大麦出口国较分散，我国大麦进口市场的剩余空间较大。2023年，全球大麦出口总量为3 336万吨，出口到我国的大麦占全球大麦出口总量的36.3%；全球大麦出口量超过500万吨的国家有澳大利亚（828万吨）和法国（684万吨），这两个国家的大麦出口量占全球大麦出口总量的45.3%。全球大麦出口量超过100万吨的国家有德国（361万吨）、阿根廷（284万吨）、加拿大（243万吨）、罗马尼亚（226万吨）、乌克兰（216万吨）、哈萨克斯坦（130万吨）；我国从澳大利亚、法国、加拿大、阿根廷进口的大麦分别占其大麦出口总量的35.6%、54.7%、81.3%、73.1%。

全球高粱出口国高度集中，我国高粱进口市场的剩余空间很小。2023年，全球高粱出口总量为800万吨，出口到我国的高粱占全球高粱出口总量的83.7%；全球高粱出口量超过100万吨的国家有美国（438万吨）和澳大利亚（244万吨），其次是阿根廷（75万吨），这三个国家的高粱出口量占全球高粱出口总量的 94.6%；我国从美国、澳大利亚和阿根廷进口的高粱分别占其高粱出口总量的 88.5%、84.7%、99.9%（表 7-4）。

表 7-4 我国拓展饲料粮进口市场的空间分布　　　　单位：万吨

品种	国家	出口量	对中国出口量	剩余空间
大豆	全球	17 394	10 484	6 910
	巴西	10 236	7 470	2 766
	美国	4 872	2 660	2 212
	巴拉圭	649	0	649
	加拿大	447	154	293
	乌克兰	349	3	346
	尼日利亚	223	0	223
	阿根廷	185	174	11
玉米	全球	18 763	2 822	15 941
	巴西	5 606	1 616	3 990
	美国	4 594	566	4 028
	乌克兰	2 637	544	2 093
	阿根廷	2 363	0	2 363
	罗马尼亚	535	0	535
	巴拉圭	379	0	379
	加拿大	283	0	283
	土耳其	267	0	267
	塞尔维亚	105	0	105
大麦	全球	3 336	1 210	2 126
	澳大利亚	828	295	533
	法国	684	374	310
	德国	361	0	361
	阿根廷	284	208	76
	加拿大	243	198	45
	罗马尼亚	226	0	226
	乌克兰	216	37	179
	哈萨克斯坦	130	88	42

(续表)

品种	国家	出口量	对中国出口量	剩余空间
高粱	全球	800	670	130
	美国	438	387	51
	澳大利亚	244	207	37
	阿根廷	75	75	0

数据来源：Comtrade 数据库。

注：剩余空间=出口量-对中国出口量，Comtrade 数据库数据和我国海关统计数据有微小差异。

三、提升国际市场饲料粮供给能力的路径与重要举措进展

1. 持续构建多元化进口格局

构建饲料粮多元化进口格局既是弥补国内需求缺口的有效途径，也是降低进口市场过于集中带来的风险的国际通行做法。表7-3显示，我国大豆、玉米、大麦和高粱的进口来源地都存在过于集中的特征。表7-4显示，我国进口大豆有一定的剩余空间，进口玉米、大麦剩余空间较大，进口高粱剩余空间较小，为构建饲料粮多元化进口格局提供了参考依据。

我国与多数主要出口国互为重要贸易伙伴，要在维护并加强与主要出口国经贸合作关系的基础上积极构建饲料粮多元化进口格局。

在维护并加强与主要出口国经贸合作关系方面，2018年9月24日，国务院新闻办公室发布《关于中美经贸摩擦的事实与中方立场》白皮书，白皮书说，2017年新一届美国政府上任以来，在"美国优先"的口号下，抛弃相互尊重、平等协商等国际交往基本准则，实行单边主义、保护主义和经济霸权主义，对许多国家和地区特别是中国作出一系列不实指责，利用不断加征关税等手段进行经济恫吓，试图采取极限施压方法将自身利益诉求强加于中国。面对这种局面，中国从维护两国共同利益和世界贸易秩序

大局出发，坚持通过对话协商解决争议的基本原则，以最大的耐心和诚意回应美国关切，以求同存异的态度妥善处理分歧，克服各种困难，同美国开展多轮对话磋商，提出务实解决方案，为稳定双边经贸关系作出了艰苦努力；2024年3月，我国宣布终止对澳大利亚进口葡萄酒征收反倾销税，5月，我国再宣布取消对澳大利亚5家主要牛肉生产商的进口禁令。6月17日，中华人民共和国商务部与澳大利亚外交贸易部签署了《中华人民共和国商务部与澳大利亚外交贸易部关于2024至2025年进一步促进中国—澳大利亚自由贸易协定实施的谅解备忘录》。中澳自贸协定是中国与西方主要发达国家签署的首个高水平自贸协定，自2015年12月生效实施以来，有力促进了两国经贸往来。此次签署备忘录有助于双方进一步深化自贸协定框架下的合作，继续发掘协定潜能，推动中澳经贸关系稳定健康发展；2024年8月15日是中国与巴西建交50周年纪念日，自1974年8月15日中国与巴西正式建立外交关系以来，两国关系经历了从友好合作到战略伙伴，再到全面战略伙伴的稳步升级过程，中国已连续14年成为巴西第一大贸易伙伴国和出口目的地；2024年是中法建交60周年，法国是第一个与新中国正式建交的西方大国，法国是中国在欧盟内第三大贸易伙伴和第三大实际投资来源国。中国是法国亚洲第一大、全球第七大贸易伙伴。2024年5月，习近平主席对法国进行国事访问，双方发表了关于中东局势、人工智能与全球治理、生物多样性与海洋、农业交流与合作4份联合声明，其他各层级交往频繁。

在构建饲料粮多元化进口格局方面，近期来看，已取得一定成效。例如，早在2014年我国就与巴西签署了《关于巴西玉米输华植物检疫要求议定书》，允许进口符合要求的巴西玉米，但是由于巴西距离中国遥远，运费较高，再加上巴西是转基因玉米，多年来我国几乎没有从巴西进口过玉米。2022年初受俄乌冲突的影响，乌克兰玉米出口困难。为此，2022年5月，中国海关总署与巴西农业部签订了《巴西玉米输华植物检疫要求议定书》（修订版），解决检验检疫技术问题，开启巴西玉米输华的大门。

2022年11月，海关总署更新巴西玉米出口商名录，标志着巴西玉米输华正式进入实施阶段；玉米是南非当地最主要的农作物，产值约占全部农作物的40%，南非玉米产量和出口量均位居世界前十。2023年5月4日，首船重5.3万吨饲料玉米货轮自南非顺利抵达中国广东麻涌港，标志着南非玉米输华通道的正式打通。中期来看，尽管目前巴西、美国和阿根廷在大豆产业中还处于领先地位，但全球的大豆种植分布有可能发生较大的变化。以南美洲巴拉圭等为代表的国家在大豆种植领域的潜力和优势明显，我国可以通过提前布局，加强与这些国家之间的农业贸易合作，扩大我国进口大豆来源的分布。长期来看，随着我国与俄罗斯新时代中俄全面战略协作伙伴关系的不断推进，选择俄罗斯作为大豆进口的供给国之一也非常符合我国农产品需求的现状。另外在"一带一路"建设的不断推进下，共建国家也不断展现出强烈的合作意愿。因此，我国可以通过加强对共建国家的投资力度，助推当地农业产业发展。例如，尽管目前哈萨克斯坦、埃塞俄比亚、莫桑比克等地区的大豆产量较低，但其地理优势环境造就了品质优良的大豆产品，因此在未来开发潜力巨大，也可能成为我国大豆进口的重要来源国①。

此外，继续深化与"一带一路"共建国家的农业合作。乌克兰、俄罗斯等"一带一路"共建国家有较强的粮食增产和出口潜力，且相较于传统的进口来源国欧美国家与我国具有更强的地缘优势与政治互信；积极加入高标准自贸协定是我国推动以制度型开放为标志的高水平对外开放的重要举措。《区域全面经济伙伴关系协定》已正式生效，我国也正式提出申请加入《全面与进步跨太平洋伙伴关系协定》，可以利用区域内产业链供应链合作更加紧密的特点增加饲料粮贸易量。

2. 提高对国际粮源的控制力

虽然我国粮食进口量最大，但是对国际粮源以及定价权掌控能力不

---

① 资料来源：大豆多元化进口：积极拓展国外市场，强化国内自给，https://www.gmw.cn/xueshu/2021-01/13/content_34540374.htm。

强。以"ABCD"为代表的国际大粮商,在全球主要资源产地和产品销区实现了全面布局。以大豆市场为例,我国大豆进口量至少占全球贸易总量的60%,但大豆进口渠道和大豆加工大多掌握在国际大粮商手中。全球大豆的流通格局是从美国、巴西、阿根廷等主产国流向亚洲和欧洲。国际粮商在南北美洲进行原料布局,在亚洲和欧洲进行市场布局。据调查,在上游原料方面,嘉吉、ADM、日本全农占美国大豆出口市场的65%;"ABCD"四大粮商占巴西和阿根廷大豆出口市场的60%。在下游加工方面,嘉吉、ADM、邦吉占欧洲大豆压榨市场的80%;益海嘉里(ADM参股)、嘉吉、邦吉、路易达孚占我国大豆压榨市场的40%。

与国际大粮商相比,国内大型粮食企业还存在不小的差距。我国政府通过遴选数家兼具海外粮食基地、海外港口资源和国际航运能力的大型民营粮食企业,将它们培育成为跨国大粮商,为我国应对国际粮食危机风险、确保国际粮食供给稳定提供有力保障。以巴西、美国、阿根廷等适宜大豆生长国家为重点,积极引导企业布局谋求合作,避免四大粮商垄断市场;鼓励我国企业在非洲布局花生种植和贸易,推动农业灌溉和港口设施建设,加大与当地粮商的生产与贸易合作。加强对东南亚玉米生产的技术援助,提高其玉米生产能力,建立稳定的东南亚进口渠道,逐步提高我国在国际玉米市场的话语权。作为农粮"国家队"和首批国有资本投资公司改革试点企业,近年来中粮集团锁定目标、全面推进打造世界领先粮食企业,将农业国际合作作为参与共建"一带一路"、推动打造利益共同体和命运共同体的最佳结合点之一,重点围绕"一带一路"共建国家和地区进行布局,搭建起连通全球农粮主产区和亚洲新兴市场的稳定粮食走廊。目前,中粮集团全球农粮经营量达1.8亿吨,在国际市场上对大豆、玉米、小麦、食用油、食糖、棉花等多种重要农产品具有较强的资源配置能力。

此外,我国农业对外经济合作已经取得了较大成就,我国已经和140多个国家及国际农业机构和金融组织机构建立了长期稳定的农业合作关系,和50多个国家成立了农业合作委员会和工作组,与世界100多个国家和主要的国际组织、区域组织以及国际农业研究机构建立了科技交流与合作关系。在境外投资、合作、上市的农业产业化龙头企业约有40家，投资金额达153亿美元，涉及亚洲、非洲、北美洲、欧洲、大洋洲的30多个国家和投资地区。近几年我国在菲律宾、柬埔寨、印度尼西亚、马来西亚等国建立了农业技术示范中心和农业示范基地；在30多个国家的专属经济区及太平洋、大西洋、印度洋等地公海陆续开发了大量海洋渔业资源。通过实施农业"走出去"战略，有效地带动了我国相关农产品和农业生产资料的出口贸易，扩大了就业，增加了农民的收入，同时也进一步推动了我国农业企业对外投资和国际化进程。但是仍然面临从事境外农业投资开发的企业大多为中小型企业，普遍存在实力弱小、融资能力弱、应对风险能力差等问题。要采取多种途径加快培养高素质经营管理人才和专业技术人才，设立农业"走出去"专项发展基金，国家要研究制定包括国别投资规划、产业投资规划以及重点产品投资规划等在内的农业对外直接投资发展规划，在重点合作国家增设我国驻外机构，主要负责跟踪和反馈我国境外投资国家相关法律法规及产业政策的调整等措施等进一步支持我国农业"走出去"[①]。

3. 主动参与全球粮食安全治理与制度变革

在经历了全球经济危机与自然灾害的双重打击、全球粮食价格暴涨以及疫情蔓延引发全球粮食短缺的严峻挑战后，我国不仅拥有丰富的粮食安全治理经验，凭借自身理论基础与实践经验转危为安，而且在一次次应对危机时完善了我国粮食安全治理体系。

完善我国参与全球粮食安全治理话语体系方面。一是在巩固粮食安全建设已经取得的成果基础上，继续提高自身粮食安全保障能力。通过加强粮食自给能力建设、积极拓宽海外粮源供应渠道来提高中国粮食安全风险

---

① 资料来源：我国农业"走出去"的现状、问题及对策研究，http://journal.crnews.net/ncgztxcs/2016/deq/912046_20160121043921.html。

抵抗能力，有效应对粮食安全风险，为全球粮食安全治理提供良好的范本。二是推动粮食安全治理话语的本土化和国际化的统一。本土化意味着中国参与全球粮食安全治理话语的中国特色与中国风格；国际化意味着在坚持中国特色的基础上，以最贴切的语言形式实现中国粮食安全治理经验的广泛传播。三是加强中国粮食安全治理成果的国际传播。一方面，要积极推动中国与其他国家之间的友好交流合作，通过官方、民间等组织会议，借助新媒体传播媒介，实现中国治理成果的传播；另一方面，以更有说服力的本国民众视角对中国参与全球粮食安全治理的建设与贡献进行报道，逐步推进中国粮食安全治理的国际认同。

搭建中国参与全球粮食安全治理平台方面。一是以"一带一路"国际合作高峰论坛为主体框架积极开展相关民间论坛活动，为"一带一路"成为中国参与全球粮食安全治理发声平台添砖加瓦，要让相关企业和粮食安全领域学者成为中国与"一带一路"共建国家沟通的桥梁。跨国公司作为资金与技术各要素的盘活者，同时是全球粮食安全治理的重要参与者，要积极参与相关论坛活动。针对企业政策敏感度低的问题，政府要积极引导企业参与"一带一路"招标投资建设与相关论坛的讨论，让相关学者为跨国公司提供技术指导与政策解读。企业要努力以农业投资联合体的形式打造中国"大粮商"，同时推动中国粮食安全治理经验"走出去"。为此，政府、学者、企业共同发力，实现交流平台畅通，推动粮食安全治理经验"走出去"。二是健全相关法规制度。首先，良好的平台秩序有赖于对相关法规制度的遵循。要在"一带一路"建设过程中遵循国际法、经贸法、知识产权保护法以及相关国家法律法规。其次，与各个国家开展沟通交流，在尊重各国宗教信仰、民俗国情的基础上，积极稳步推动相关法律法规的完善，要做好规则的制定者，为各个国家之间的双边、多边贸易提供法治保障。中国要做好交流合作的倡导者与秩序的维护者，规范"一带一路"共建国家的交流、贸易行为，为粮食安全治理合作与贸易提供良好的秩序环境。

培养助力全球粮食安全治理高素质人才方面。一是积极培养具有国际视野，能为国际事务添砖加瓦的复合型人才。首先，要壮大公派留学生的高知人才队伍。加大对"一带一路"共建国家的留学政策支持力度，让越来越多的高知人才投入"一带一路"建设中。其次，培养出通晓他国语言、风情的高素质人才，宣传好我国粮食安全技术与文化，拓宽在外留学生的国际视野；培养出适应"一带一路"建设的高素质人才，为全球粮食安全治理贡献力量。二是扩大来华留学生规模，培养更多"一带一路"建设所需人才。以"一带一路"倡议为导向，对"一带一路"共建国家来华留学生进行重点支持。首先，在尊重不同地区宗教文化的基础上采取适宜的留学政策，合理管控留学生交流规模与交流层次；其次，与"一带一路"共建国家积极构建国际人才交流中心，努力提高教育质量，不断扩大"一带一路"共建国家来华留学规模。同时，引导来华留学生积极参与对中国在全球粮食安全治理成就上的反馈。以来华留学生视角对中国"一带一路"取得的粮食安全建设成就进行传播，更好地宣传中国粮食文化，更好地服务"一带一路"建设[1]。

四、本章小结

对外开放是中国的基本国策。当今世界，百年未有之大变局正在加速演进，农产品贸易在各国政治外交中的地位和作用不断提升，农产品贸易的政治性、经济性和外交性叠加效应日趋明显。国际资本炒作、投机行为和海外供应链脆弱等风险因素对粮食价格的影响不断增大。

我国大豆、玉米、大麦和高粱的进口来源地都存在过于集中的特征，少数跨国企业控制了全球70%以上的粮食贸易，这对于我国这样的"缺粮国"而言，面临结构性的隐忧和供应链的隐患。我国进口大豆有一定的剩

---

[1] 资料来源：农业观察 | 中国参与全球粮食安全治理的三维探析，https://www.ntv.cn/zx-hArticle.shtml? id=227825。

余空间，进口玉米、大麦剩余空间较大，进口高粱剩余空间较小。

提升国际市场饲料粮供给能力的路径包括以下三个方面：一是要在维护并加强与美国、巴西、澳大利亚等主要出口国经贸合作关系的基础上积极构建饲料粮多元化进口格局；二是通过加快培育像中粮一样的跨国大粮商和继续支持我国农业"走出去"，提高我国对国际粮源的控制力；三是要深度参与全球粮食安全治理，推动公平、公正与包容的全球粮食安全治理规则的磋商。

参考文献

常娱,钱学锋,2022. 制度型开放的内涵、现状与路径 [J]. 世界经济研究 (5):92-101,137.

陈海江,司伟,王新刚,2019. 粮豆轮作补贴:标准测算及差异化补偿:基于不同积温带下农户受偿意愿的视角. 农业技术经济 (6):17-28.

陈海江,司伟,赵启然,2019. 粮豆轮作补贴:规模导向与瞄准偏差:基于生态补偿瞄准性视角的分析 [J]. 中国农村经济 (1):47-59.

陈秧分,卢星嘉,2023. 面向远景目标的强国建设:国际比较与中国对策 [J]. 现代经济探讨 (3):1-11.

陈雨生,王艳梅,2021. 中国与RCEP成员国农产品贸易结构、效率及影响因素研究:基于细分产品的实证分析 [J]. 世界农业 (12):72-83,106.

陈雨生,周睿,张婷,2022. 中国饲料粮进口替代研究 [J]. 农业经济问题 (7):64-77.

促进粮食节约 玉米豆粕减量大有潜力:对话谯仕彦 [N]. 农民日报,2022-07-14 (12).

崔海军,2021.《饲料中玉米豆粕减量替代工作方案》对饲料行业有何影响 [J]. 湖南饲料 (4):5-7,20.

杜志雄,高鸣,韩磊,2021. 供给侧进口端变化对中国粮食安全的影响研究 [J]. 中国农村经济 (7):15-30.

樊胜根,张玉梅,2023. 践行大食物观促进全民营养健康和可持续发

展的战略选择 [J]. 农业经济问题 (5): 11-21.

付兆刚, 郭翔宇, 2017. 农地经营权抵押贷款农户需求行为影响因素分析: 基于黑龙江省 6 个县 1328 个农户的问卷调查 [J]. 中国土地科学 (3): 4-12.

高强, 2022. 农业高质量发展: 内涵特征、障碍因素与路径选择 [J]. 中州学刊 (4): 29-35.

郭雪霞, 张慧媛, 刘瑜, 等, 2015. 中国农产品加工副产物综合利用问题研究与对策分析 [J]. 世界农业 (8): 119-123.

韩天富, 韩晓增, 2016. 走粮豆轮作均衡持续丰产的农业发展道路 [J]. 大豆科技 (1): 1-3.

韩昕儒, 陈永福, 钱小平, 2014. 中国目前饲料粮需求量究竟有多少 [J]. 农业技术经济 (8): 60-68.

何可, 宋洪远, 2021. 资源环境约束下的中国粮食安全内涵、挑战与政策取向 [J]. 南京农业大学学报 (社会科学版) (3): 45-57.

黄季焜, 2021. 对近期与中长期中国粮食安全的再认识 [J]. 农业经济问题 (1): 19-26.

黄季焜, 解伟, 盛誉, 等, 2022. 全球农业发展趋势及 2050 年中国农业发展展望 [J]. 中国工程科学 (1): 29-37.

黄少安, 周志鹏, 2022. 农业高质量发展: 内涵特征、障碍因素与路径选择 [J]. 农村工作通讯 (12): 27-29.

江小涓, 2021. 立足国情与时代, 探索开放促发展促改革之道路 [J]. 经济研究 (6): 16-22.

矫丽娜, 张福胜, 李晓娜, 等, 2022. 玉米—大豆带状复合种植模式大豆品种和种植密度对作物产量的影响 [J]. 现代农村科技 (1): 65-66.

蓝海涛, 王为农, 2008. 中国中长期粮食安全重大问题 [M]. 北京: 中国计划出版社.

李先德，孙致陆，赵玉菡，2022. 全球粮食安全及其治理：发展进程、现实挑战和转型策略［J］. 中国农村经济（6）：2-22.

李雅洁，2022. 豆粕减量替代势在必行［J］. 农村工作通讯（19）：26.

李裕鸿，王鑫然，张宇，2024. 中美贸易摩擦对中国农产品贸易的影响［J］. 安徽农业科学，52（3）：212-217.

刘长全，韩磊，李婷婷，等，2023. 大食物观下中国饲料粮供给安全问题研究［J］. 中国农村经济，（1）：33-57.

刘冬竹，谌琴，李喜贵，等，2021. 我国饲料粮需求前景及保产稳供形势研究［J］. 中国粮食经济（4）：56-59.

刘慧，崔亚妮，钟钰，2023. 高水平开放下保障我国饲料粮供给的新举措与展望［J］. 世界农业（6）：1-12.

刘慧，薛凤蕊，周向阳，等，2018. 玉米收储制度改革对东北主产区农户种植结构调整意愿的影响：基于吉林省359个农户的调查数据［J］. 中国农业大学学报（11）：187-195.

刘慧，张宁宁，钟钰，等，2022. 玉米收储制度改革以来家庭农场经营行为的变化：基于辽宁省H县22家省级示范家庭农场的面板调查数据［J］. 中国农业大学学报（2）：256-264.

刘一明，2021. 推动饲料配方多元化 确保饲料粮有效供给［N］. 农民日报，2021-05-08（6）.

全毅，2022. 中国高水平开放型经济新体制框架与构建路径［J］. 世界经济研究（10）：13-24，135.

仇焕广，李新海，余嘉玲，2021. 中国玉米产业：发展趋势与政策建议［J］. 农业经济问题（7）：4-16.

司伟，韩天富，2021. "十四五"时期中国大豆增产潜力与实现路径［J］. 农业经济问题（7）：17-24.

司伟，李东，2018. 品种推广对中国大豆单产的影响研究［J］. 农业技术经济（5）：4-14.

宋洪远，2018. 推进农业高质量发展［J］. 中国发展观察（23）：49-53.

田维明，周章跃，2007. 中国饲料粮市场供给需求与贸易发展［M］. 北京：中国农业出版社.

王秋霖，张宁宁，刘慧，2021. 市场化改革背景下我国玉米供给反应实证研究：基于2008—2019年东北三省省级面板数据［J］. 中国农业资源与区划（10）：145-152.

王新刚，司伟，冯晓龙，等，2023. 大豆生产者补贴对农户土地投入决策的影响：基于全国农村固定观察点调查数据的实证分析［J］. 中国农村观察（1）：20-39.

武拉平，2022. 我国粮食损失浪费现状与节粮减损潜力研究［J］. 农业经济问题（11）：34-41.

谢慧敏，田志宏，2019. 关联产品视角下的中国油料对外依存度研究［J］. 世界农业（12）：53-61，134.

熊学振，杨春，2021. 中国粮食安全再认识：饲料粮的供需状况、自给水平与保障策略［J］. 世界农业（8）：4-12.

杨万江，1999. 危机与出路：中国粮食结构与农业发展新论［M］. 北京：社会科学文献出版社.

叶兴庆，2020. 加入WTO以来中国农业的发展态势与战略性调整［J］. 改革（5）：5-24.

叶兴庆，2021. 大国小农现代化新征程的三农问题与战略抉择［M］. 杭州：浙江大学出版社.

雍太文，杨文钰，2022. 玉米大豆带状复合种植技术的优势、成效及发展建议［J］. 中国农民合作社（3）：20-22.

于宏源，李坤海，2021. 粮食安全的全球治理与中国参与［J］. 国际政治研究（6）：83-103.

曾伟, 2023. 国际粮食价格波动特征、规律与应对策略：基于6次典型大幅上涨的分析 [J]. 经济学家 (3)：109-119.

张琛, 周振, 2022. 人口结构转型视角下中长期中国粮食产需形势分析与政策建议 [J]. 宏观经济研究 (12)：126-139.

张宁宁, 李雪, 吕新业, 等, 2022. 百年变局、世纪疫情背景下世界及中国粮食安全面临的风险挑战及应对策略 [J]. 农业经济问题 (12)：136-141.

张姝, 王晓君, 吕开宇, 等, 2022. 菽玉真的不可兼得吗：带状复合种植对玉米大豆生产的影响研究：基于局部均衡模型的模拟分析 [J]. 农业技术经济 (9)：4-19.

张子仪, 1994. 中国现行饲料分类编码系统说明 [J]. 中国饲料 (4)：19-21.

赵翠薇, 王世杰, 2010. 生态补偿效益、标准：国际经验及对我国的启示 [J]. 地理研究 (4)：597-606.

赵金鑫, 潘彪, 田志宏, 2019. 价差驱动还是刚性需求：中国饲料粮进口激增的动因分析 [J]. 农业经济问题 (5)：98-109.

赵金鑫, 田志宏, 高玉强, 2021. 中国饲料粮进口的产品替代性与市场竞争关系 [J]. 农业经济问题 (6)：111-122.

中国工程院"粮食作物产业可持续发展战略研究"课题组, 2017. 粮食作物产业可持续发展战略研究 [M]. 北京：科学出版社.

周颖, 陈平, 杜青, 等, 2018. 不同间套作模式对大豆农艺性状及系统经济效益的影响 [J]. 四川农业大学学报 (6)：745-750.

朱晶, 李天祥, 臧星月, 2021. 高水平开放下我国粮食安全的非传统挑战及政策转型 [J]. 农业经济问题 (1)：27-40.

朱文博, 韩昕儒, 问锦尚, 2022. 中国大豆生产自给的潜力、路径与挑战 [J]. 华南师范大学学报 (社会科学版) (2)：122-135, 207.

ANDERSSON E, BROGAARD S AND OLSSON L, 2011. The political

ecology of land degradation [J]. Annual Review of Environment & Resources, 1: 1–17.

BREMER L L, FARLEY K A AND LOPEZ-CARR D, 2014. What factors influence participation in payment for ecosystem services programs? An evaluation of Ecuador's SocioPáramo program [J]. Land Use Policy, 36: 122–133.

BULLOCK D G, 1992. Crop rotation [J]. Critical Reviews in Plant Sciences, 4: 309–326.

BUSTOS P B, 2016. Agricultural productivity and structural transformation: Evidence from Brazil [J]. American Economic Review, 6: 1320–1365.

CHENG Y, ZHOU L, CHENG G Y, 2016. China's total grain demand will reach a peak value in 2030 [R/OL]. http://www.drc.gov.cn/xsyzcfx/20161201/4-4-2892168.htm.

CROMPTON P, PHILLIPS B, 1993. Effects on feed grain of China's ring demand for livestock products [J]. Agricultural and Resource Quarterly, 5: 242–253.

CROOK F W, COLBY W H, 1996. The future of China's grain market [M]. USDA Agriculture Information Bulletin No. 730, Washington D.C.

FINDLAY C, 1998. Grain market reform in China: Global implications [R]. ACIAR Technical Report No. 43, Australian Centre for International Agricultural Research, Canberra.

GALE F, 2004. Is China's corn market at a turning point? [R]. Electronic Outlook Report from the Economic Research Service, United States Department of Agriculture.

GAMAUT R, MA G N, 1992. Grain in China [R]. East Asia Analytical

Unit, Department of Foreign Affair and Trade, Canberra.

GUO S, LV X, HU X, 2021. Farmers' land allocation responses to the soybean rejuvenation plan: Evidence from "typicalfarm" in Jilin, China [J]. China Agricultural Economic Review, 13 (3): 705-719.

HUANG S L, LIU A M, LU C X, et al., 2020. Supply and demand levels for livestock and poultry products in the Chinese mainland and the potential demand for feed grains [J]. Journal of Resources and Ecology, 5: 475-482.

JIAO X, HE G, CUI Z, et al., 2018. Agri-environment policy for grain production in China: Towards sustainable intensification [J]. China Agricultural Economic Review, 6: 78-92.

LUO Y, WU L, HUANG D, et al., 2021. Household food waste in rural China: A noteworthy reality and systematic analysis [J]. Waste Management & Research (39): 1389-1395.

PONCET S, 2005. A fragmented China: Measure and determinants of Chinese domestic market disintegration [J]. Review of International Economics, 3: 409-430.

RATHORE V S, SINGH J P, MEEL B, et al., 2014. Agronomic and economic performances of different cropping systems in a hot, arid environment: A case study from North-western Rajasthan, India [J]. Journal of Arid Environments, 105 (5): 75-90.

TIAN W M, CHUDLEIGH J, 1999. China's feedgrain market: Development and prospects [J]. Agribusiness: An International, 3: 393-409.

WHITTINGTON D, PAGIOLA S, 2012. Using contingent valuation in the design of payments for environmental services mechanisms: A review and assessment [J]. Mpra Paper, 2: 261-287.

WU J J, ADAMS R M, KLING C L, et al., 2011. From microlevel decisions to landscape changes: An assessment of agricultural conservation policies [J]. American Journal of Agricultural Economics, 1: 26-41.

ZHANG M, LUO Y, HUANG D, et al., 2021. Maize storage losses and its main determinants in China [J]. China Agricultural Economic Review, 14: 17-31.

ZHANG P, ZHANG J, CHEN M, 2017. Economic impacts of climate change on agriculture: The importance of additional climatic variables other than temperature and precipitation [J]. Journal of Environmental Economics and Management, 3: 8-31.

ZHENG Z, HENNEBERRY S R, ZHAO Y, et al., 2019. Predicting the changes in the structure of food demand in China [J]. Agribusiness, 35: 301-328.